Gabriele Kuby

Propaganda

oder der Mythos der Demokratie

GHV

Gabriele Kuby

Propaganda
oder der Mythos der Demokratie

Gerhard Hess Verlag

Gabriele Kuby

Propaganda
oder der Mythos der Demokratie

1. Auflage 2022

Gerhard Hess Verlag, 88427 Bad Schussenried
www.gerhard-hess-verlag.de

Printed in Europe

ISBN: 978-3-87336-755-5

Inhalt

Es gibt nichts Verborgenes,
das nicht offenbar wird,
und nichts Geheimes,
das nicht an den Tag kommt.

Markus 4,22

Wer die Freiheit aufgibt,
um Sicherheit zu gewinnen,
der wird am Ende beides verlieren.

Benjamin Franklin zugeschrieben

Wo immer einer die Wahrheit sagt,
da ist schon ein Stück Freiheit.

Václav Havel

Vorwort

Im November 2019 dringt die Kunde nach Europa, dass im fernen China in der Stadt Wuhan ein Virus entschlüpft ist, der so gefährlich zu sein scheint, dass die Millionenstadt rigoros abgeriegelt werden musste. Erste Fälle werden in Europa und anderen Erdteilen gemeldet. Über Nacht gerät die Welt in einen Ausnahmezustand, in dem es bis zum heutigen Tag fast nur noch ein Thema gibt: Die Angst vor Corona und den in Aussicht gestellten Endsieg über den Virus durch Impfung.[1] Bilder aus Bergamo zeigten Lastwagentransporte von Leichen, Bilder aus New York Massengräber. Sie machten das Volk reif für den Lockdown, der am 22. März 2020 begann. Am 12. April 2020 trat Bill Gates in den ARD-Tagesthemen auf und verkündete:

---

1 Das Szenario ändert sich täglich. Im Februar zeigte sich, dass die neue Variante „Omicron" im Begriff ist, Herdenimmunität herzustellen. Auf der Sicherheitskonferenz in München sagte Bill Gates am 18. Februar 2022, dass der Virus „has done a better job of getting out to the world population than we have with vaccines." Gleichzeitig warnte er vor der nächsten Pandemie. Dann sollte die Entwicklung eines Impfstoffes auf sechs Monate verkürzt werden.
https://www.cnbc.com/2022/02/18/bill-gates-covid-risks-have-reduced-but-another-pandemic-will-come.html

> „Wir werden den zu entwickelnden Impfstoff Milliarden Menschen verabreichen ... Langfristig wird die Produktion so hochgefahren, dass alle Menschen auf unserem Planeten damit geimpft werden können.“

„Wir“? Wer ist „wir“? Ist Bill Gates Herr über den Körper von sieben Milliarden Menschen?

Man stelle sich vor, die Regierung hätte sofort die qualifiziertesten und erfahrensten Wissenschaftler zu einer offenen Debatte darüber eingeladen, wie der Virus einzuschätzen sei und wie das Volk davor geschützt werden könne. Die Krankenhäuser wären mit zusätzlichen Intensivbetten ausgerüstet worden. Das Pflegepersonal hätte eine Gehaltszulage für die überdurchschnittlichen Anforderungen bekommen. Die Bevölkerung wäre mit flächendeckenden Kampagnen zur Stärkung des Immunsystems durch Vitamine und zu vernünftigen Vorsichtsmaßnahmen aufgefordert worden. Die Kinder hätten unbehelligt von Masken und Tests in die Schule gehen können, weil ihr Risiko, zu erkranken, vernachlässigbar ist. Zu den Corona-Toten wären nur jene gerechnet worden, die tatsächlich *an* Corona gestorben sind. Die Inzidenz-Zahlen würden in Prozent der vorgenommenen Tests ausgewiesen und in Beziehung zu Alter, Vorerkrankungen und Krankenhauseinweisungen gesetzt. Von Anfang an wäre nach Heilmitteln gesucht und diese verfügbar gemacht worden. Die Regierungen hätten ein Interesse daran gehabt, sich über die schonendsten Maßnahmen zur Bekämpfung der Pandemie auszutauschen und von anderen Ländern „Best Practices" zu lernen. Statistiken wären glaubhaft gewesen, und Impfstoffe würden – im Bewusstsein größter Verantwortung – auf ihre Nebenwirkungen untersucht, indem die Folgeerscheinungen bei jedem Geimpften erhoben würden.

Das alles hätte man von einer Regierung erwartet, die dem Gemeinwohl verpflichtet ist. Aber nichts von alledem ist geschehen. Hochqualifizierte Wissenschaftler, die dem offiziellen Narrativ widersprachen, wurden und werden ausgegrenzt, diffamiert und entlassen; die Intensivbetten wurden reduziert, das Pflegepersonal miserabel bezahlt; das Immunsystem durch den Maskenzwang geschwächt; die psychische Verfassung der gesamten Bevölkerung, insbesondere der Kinder und Jugendlichen, durch die soziale Isolierung schwer beschädigt; Hunderttausende wurden in den Konkurs getrieben und von staatlichen Zahlungen abhängig gemacht; die Statistiken wurden gefälscht; wirksame Heilmittel wurden diffamiert, ebenso Staaten und Staatsführer, die einen abweichenden, moderaten Kurs einschlugen. Die Politiker geben nichts „auf ihr Geschwätz von gestern“ und ändern ständig ihre Direktiven. Das Volk tappt von Lüge zu Lüge. Die Lügen haben zwar kurze Beine, aber keine Konsequenzen mehr für die Mächtigen, die wissentlich die Unwahrheit sagen.

Das Volk tappt von Lüge zu Lüge. Die Lügen haben zwar kurze Beine, aber keine Konsequenzen mehr für die Mächtigen, die wissentlich die Unwahrheit sagen.

Seit Ende 2020 geht es nur noch um eins: Die Menschen dazu zu bringen, sich impfen zu lassen mit einer globalen Kampagne, wie sie die Welt noch nicht gesehen hat. Dass sich die Verheißung der Immunität auch bei drei Impfungen nicht erfüllt, vielmehr der Geimpfte weiterhin angesteckt werden und selbst andere anstecken kann, führt nur dazu, die Volksmassen zu wiederholten Impfungen subtil zu verführen oder gar zu zwingen. Die Gewinne der Impfstoffhersteller, die vom Staat von aller

Verantwortung für die Folgen des Massenexperiments entbunden wurden, sind astronomisch hoch und nur noch in Milliarden zu messen.[2] Wer sich nicht fügt, wird stigmatisiert, existenziell erpresst und in einigen Ländern sogar durch Gesetze, bewehrt mit hohen Strafen, gezwungen, sich impfen zu lassen – so auch vom österreichischen Parlament am 20. Januar 2022 beschlossen, aber das Gesetz wurde Anfang März „ausgesetzt", weil es nicht verhältnismäßig sei. In Deutschland scheiterte die Impfpflicht am 7. April 2022 im Parlament. Der Staat scheut sich nicht, in die Ausübung der Religionsfreiheit einzugreifen, verbietet Gottesdienste und schreibt „Hygienemaßnahmen" vor. Die Bischöfe fügen sich, oft in vorauseilendem Gehorsam. Die in der Verfassung garantierten Grundrechte werden ausgehebelt und durch willkürliche staatliche Verordnungen ersetzt, die wahlweise durch Berufung auf eine kleine Zahl von einseitig ausgewählten „Experten", durch die Drohkulisse „Zusammenbruch des Gesundheitssystems" oder Fantasiezahlen über zu

---

2 Gewinne BioNTech in Millionen Euro (gerundet): 2019: 180; 2020: 15; 2021 Q1: 1.128; Q2: 2.787; Q3: 3.211. https://de.statista.com/statistik/daten/studie/792448/umfrage /gewinn-der-biontech-ag/ Der US-Pharmakonzern Pfizer, Partner von BioNTech, verdoppelte den Gewinn im Jahr 2021 auf 22 Milliarden Dollar.
https://unternehmen-heute.de/news.php?newsid= 6499364

erwartende Todesfälle legitimiert werden. Obwohl tagtäglich Politiker, Experten und Journalisten der Unwahrheit und finanziellen Verstrickungen, alias Korruption, überführt werden, hat dies keine Konsequenzen. Wir leben nicht nur im post-faktischen, sondern auch im post-moralischen Zeitalter.

Theorie und Praxis der Propaganda

Wie kann die (Welt-)Bevölkerung dazu gebracht werden, dies alles mit sich machen zu lassen und staatliche Maßnahmen gutzuheißen und zu erfüllen, die ihr schaden? Die Antwort ist PROPAGANDA. Das Wort Propaganda steht hier für alle Methoden, die eine übergeordnete Instanz anwendet, um die Meinungen und das Verhalten einer Masse von Individuen entsprechend den eigenen, verdeckten Zielen zu lenken. Die Zielgruppe – oft die gesamte Bevölkerung – soll zu einer Veränderung ihres Denkens und Handelns gebracht werden, ohne dass sie merkt, dass sie manipuliert wird, vielmehr so, dass sie meint, die Veränderung ihres Denkens und Handelns beruhe auf eigener freier Entscheidung und diene ihrem Wohl. Es gibt dafür verschiedene Begriffe:

- *Manufacturing of consent,* die Fabrikation von Zustimmung
- *Social Engineering,* Veränderung der Gesellschaft mittels sozialer Ingenieurstechniken
- *Gaslighting*, bewusste Desorientierung und Zerstörung des Realitätssinnes und des Selbst-

bewusstseins des Opfers (Der Begriff ist dem Titel des Theaterstücks *Gas Light* von Patrick Hamilton, 1938, entlehnt.)

- *Mass formation,* die gezielte Formung der Masse durch eine verborgene, übergeordnete Instanz
- *Brain washing* oder *mind control,* deutsch *Gehirnwäsche,* das Brechen der Persönlichkeit, ihrer Werte und Anschauungen, um sie dann umzuprogrammieren.
- *Mentizid,* die „Ermordung" des Verstandes, ein Begriff, den Joost A. M. Merloo in seinem Buch *The Rape of the Mind* geprägt hat.

Alle diese Begriffe sind negativ aufgeladen, insbesondere die zwei letzten, welche die von totalitären Machthabern angewandten brutalen Methoden der Zerstörung und des „Resets" einer Person gemäß der totalitären Ideologie bezeichnen.

Heute spricht man statt von Propaganda lieber von Öffentlichkeitsarbeit, Pressearbeit, Kommunikationstechniken, Public Relations. Jede Firma, jedes Ministerium, jede Behörde, jeder Politiker, jede NGO – jeder, der eigene Interessen möglichst reibungslos durchsetzen will, verfügt zu diesem Zweck über Mitarbeiter bis hin zu ganzen Abteilungen von professionellen Manipulatoren der öffentlichen Meinung. Man nennt sie auch „Spin Doctors", weil sie wie ein gewiefter Tennisspieler dem Ball, das heißt der Realitätswahrnehmung der Massen, einen gewissen Drall geben, der den Zwecken ihrer Auftraggeber dient.

Die immer raffinierteren, präziseren und effektiveren Methoden der Propaganda werden an den Universitäten und privaten Instituten gelehrt. Die wachsenden Erkenntnisse der Psychologie, Soziologie und Neurobiologie über die bewussten und unbewussten Funktionsweisen des Menschen und seine Beeinflussbarkeit finden praktische Anwendung in den Händen von Mächtigen, um deren Ziele durchzusetzen, ohne offen Macht und Gewalt anwenden zu müssen. Die Spin Doctors sind Profis der Verschleierung. Wie Zauberkünstler vermögen sie auf dem Klavier der Triebe, Ängste, Sehnsüchte und Wahrnehmungsmechanismen der Massen zu spielen. Wahrheit als verpflichtende Orientierung gibt es für sie nicht. Sie verbergen ihre Auftraggeber ebenso wie deren Agenda und „reframen" die Auswirkungen, welche die Durchsetzung der Agenda für die Zielgruppe hat, sodass die Maßnahmen als Erfüllung von eigenen Bedürfnissen erscheinen und auf diese Weise statt Widerstand Zustimmung bis hin zur Opferbereitschaft erzeugt wird. Das englische Wort „frame" heißt *Rahmen*. Indem ein Objekt in einen neuen Kontext gestellt wird, kann die Reaktion der Zielgruppe gelenkt werden. Diese Zielgruppe kann ein ganzes Volk sein oder, im Zeitalter der Globalisierung, die Weltbevölkerung.

Die Anwendung all dieser Techniken der Täuschung, Manipulation und Lüge gilt heute als selbstverständlich. Sie widersprechen der Würde und dem Selbstbild des Menschen, der mit freiem Willen erschaffen ist. Er sieht sich als eigenverantwortliches und selbst entscheidendes Individuum. Wenn er gezwungen wird, sich einem Mächtigeren zu beugen, weil dieser ihn für seine Zwecke benutzt, wird er in seiner Würde verletzt. Dieser Zwang kann offen ausgeübt werden oder verdeckt durch Manipulation und Propaganda, die zum Ziel haben, den Menschen zum Objekt fremder Interessen zu machen, ohne dass er es merkt, ja so, dass er die fremden Zwecke sogar für seine eigenen hält und sie erfüllen *will*. Die Mehrzahl der westlichen Menschen wähnt sich in einem gesellschaftlichen System, in dem ihre eigene, selbst gebildete Meinung Einfluss auf die Gestaltung des gesamtgesellschaftlichen Geschicks hat. Der westliche Bürger glaubt im Allgemeinen an die „Demokratie" und an ihre Verheißung der Freiheit für den Einzelnen. Dieser Glaube ist im Begriff zu schwinden.

Es sollen im Folgenden die Methoden der Propaganda dargestellt werden, wie sie von Theoretikern analysiert und von Praktikern angewendet werden. Von ihnen zu wissen und sie zu erkennen, kann dem Einzelnen helfen, weniger leicht zu ihrem Opfer zu werden.

Niccolò Machiavelli (1469-1527)

Man könnte bei Machiavelli beginnen, der in seinem Buch *Der Fürst* (1513) den Herrschern riet, sich von moralischen Begrenzungen bei der Sicherung ihrer Macht frei zu machen. Moralische Bedenken gegen unmoralische Mittel der Machtausübung fegte er vom philosophischen Tisch. Der Fürst müsse den Anschein erwecken, die traditionelle Moral zu wahren, dürfe aber vor Gewalt und Terror nicht zurückschrecken. Milde, Treue, Menschlichkeit, Redlichkeit und Frömmigkeit sollten zur Schau getragen, könnten aber bei Bedarf in ihr Gegenteil verkehrt werden. Der Fürst müsse fähig sein, „sich zu drehen und zu wenden nach dem Winde".[3] So haben Herrscher zu allen Zeiten gehandelt. Aber bis zur Massengesellschaft der Moderne und der Entdeckung ihrer Manipulierbarkeit waren sie in der hierarchisch gegliederten Klassengesellschaft auf Methoden der direkten Unterdrückung der Untertanen angewiesen.

---

3 Zitiert bei Judith Barben, *Spin doctors im Bundeshaus,* Eikos Verlag, Baden (Schweiz) 2009, S. 31f.

Gustave Le Bon (1841-1931)

Mit der rapiden Bevölkerungsvermehrung im 19. Jahrhundert und der sozialistischen Organisation des Proletariats trat die Masse als handelndes Subjekt der Geschichte auf den Plan. Gustave Le Bon, französischer Arzt und Anthropologe, war Zeitgenosse der Februarrevolution von 1848 und der Kommune von 1871 und erlebte die Masse als Bedrohung der hergebrachten Gesellschaftsordnung. „Die Massen haben nur Kraft zur Zerstörung ... Sie wirken gleich jenen Mikroben, welche die Auflösung geschwächter Körper oder Leichen beschleunigen. Ist das Gebäude der Kultur morsch geworden, so führen die Massen seinen Zusammenbruch herbei." (S. 4f.)

In seinem Buch *Psychologie der Massen*[4], erstmals erschienen 1885, beschreibt Le Bon die Veränderungen der Person, wenn sie in einer gleichgerichteten Masse mit der „Massenseele" verschmilzt. Diese sei primitiv, emotional, impulsiv, radikal und dem gesunden Menschenverstand abhold. Dementsprechend müsse ein Redner, der sich ihrer Dynamik bedienen will,

---

4 Le Bon, *Psychologie der Massen*, Alfred Kröner Verlag, Stuttgart 1961. Erstveröffentlichung 1885, *Psychologie des foules.* Die Seitenangaben beziehen sich auf die Ausgabe des Alfred Kröner Verlags, sofern nicht anders angegeben. Neuerscheinung im Kopp-Verlag 2020.

„starke Ausdrücke gebrauchen ... Schreien, Beteuern, Wiederholen, und niemals darf er den Versuch machen, Beweise zu erbringen.“ (S. 31)

In der Masse berauscht sich der Einzelne an einem Allmachtsgefühl, das ihn ebenso „zum Henker wie zum Märtyrer werden lässt.

In der Masse verliert die Person ihr Verantwortungsgefühl, ihre Urteilskraft und ihre moralischen Anker. Die übernommenen Überzeugungen werden als unanfechtbare Wahrheit verteidigt, gerade deshalb, weil sie nicht durch eigenes Nachdenken erworben wurden. Andersdenkende müssen ausgeschlossen und verfolgt werden. In der Masse berauscht sich der Einzelne an einem Allmachtsgefühl, das ihn ebenso „zum Henker wie zum Märtyrer werden lässt“. (S. 20)

> „Allein durch die Tatsache, Glied einer Masse zu sein, steigt der Mensch also mehrere Stufen von der Leiter der Kultur hinab. Als Einzelner war er vielleicht ein gebildetes Individuum, in der Masse ist er ein Triebwesen, also ein Barbar. Er hat die Unberechenbarkeit, die Heftigkeit,

> die Wildheit, aber auch die Begeisterung und den Heldenmut ursprünglicher Wesen, denen er auch durch die Leichtigkeit ähnelt, mit der er sich von Worten und Vorstellungen beeinflussen und zu Handlungen verführen lässt, die seine augenscheinlichsten Interessen verletzen. In der Masse gleicht der Einzelne einem Sandkorn in einem Haufen anderer Sandkörner." (Kopp Verlag, 2020, S. 33)

Mit dem Werk von Gustave Le Bon waren die Masse und der Massenmensch ins Visier der Psychologen und Soziologen gerückt. Le Bon beschrieb die Entpersonalisierung des Individuums in der Masse als Erscheinungsform des Verfalls einer Kultur. Erst seine Nachfolger entwickelten die subtilen Techniken der Massenmanipulation, die durch die Entwicklung der Massenmedien und die digitale Revolution der Gegenwart eine völlig neue Stufe erreicht haben. Die technischen Entdeckungen und Erfindungen der Rotationsmaschinen der Druckerpresse, des (Farb-) Films und des (Farb-)Fernsehens, des Computers und Internets auf der einen Seite und die wissenschaftlichen Entdeckungen der Psychologie, Soziologie und Neurobiologie auf der anderen Seite schafften durch ihre wechselseitige Befruchtung Möglichkeiten der „Mass Formation", in denen die Freiheit und damit die Würde des Menschen unterzugehen drohen.

Edward Bernays (1891-1995)

Edward Bernays entstammt der Brutstätte der Psychoanalyse. Er ist Sohn von Anna Freud und damit Neffe von Sigmund Freud. Die Einsicht in die unbewussten Triebkräfte des Menschen hat er sozusagen im Blut. Er machte sich außerdem die Forschungen eines anderen Psychologen zunutze, des Behavioristen John Watson, auch wenn dieser mit seiner Theorie der Konditionierbarkeit des Menschen in völligem Gegensatz zur Tiefenpsychologie stand. Watsons Buch *Behaviorism* von 1914 sah im Menschen ein formbares Objekt, welches durch positive und negative Stimuli konditioniert werden könne. Dies galt als neue, streng wissenschaftliche Erkenntnis des Menschen und als Methode zu seiner Veränderung, ja zur Erziehung von Kindern. Da der Mensch immer weniger durch Religion, Tradition und Moral geprägt und gebunden war, musste und konnte er nun neu konditioniert werden.

Edward Bernays wandte die neuen Erkenntnisse der Psychologie an, um das Massenbewusstsein gemäß den Zielen seiner Auftraggeber zu formen. Er erkannte:

„Wenn wir aber wissen, wovon und wie die Massenpsyche bewegt wird – sollte es dann nicht möglich sein, sie unbemerkt nach unserem Willen zu lenken und zu kontrollieren?"[5] Er bezeichnete diese Technik der Meinungsbildung der Massen als *engineering of consent*, Techniken zur Herstellung von Zustimmung. Bernays bekanntestes Buch *Propaganda* erschien 1928. Das erste Kapitel *Organising Chaos* beginnt mit den Worten:

> „Die bewusste und intelligente Manipulation der organisierten Gewohnheiten und Meinungen der Massen ist ein wichtiges Element in der demokratischen Gesellschaft. Wer die ungesehenen Gesellschaftsmechanismen manipuliert, bildet eine unsichtbare Regierung, welche die wahre Herrschermacht unseres Landes ist. Wir werden regiert, unser Verstand geformt, unsere Geschmäcker gebildet, unsere Ideen größtenteils von Männern suggeriert, von denen wir nie gehört haben. Dies ist ein logisches Ergebnis der Art, wie unsere demokratische Gesellschaft organisiert ist. Große Menschenzahlen müssen auf diese Weise kooperieren, wenn sie in einer funktionierenden Gesellschaft zusammenleben sollen. In beinahe jeder Handlung unseres Lebens, ob in der Sphäre der Politik oder bei Geschäften, in unserem sozialen

---

5 Edward Bernays, *Propaganda, Die Kunst der Public Relations*, Orange Press, 2014, S. 49.

Verhalten und unserem ethischen Denken werden wir durch eine relativ geringe Zahl von Personen beherrscht, welche die mentalen Prozesse und Verhaltensmuster der Massen verstehen. Sie sind es, die die Fäden ziehen, welche das öffentliche Denken kontrollieren."[6]

In beinahe jeder Handlung unseres Lebens, werden wir durch eine relativ geringe Zahl von Personen beherrscht, welche die mentalen Prozesse und Verhaltensmuster der Massen verstehen. Sie sind es, die die Fäden ziehen, welche das öffentliche Denken kontrollieren.

Ungeachtet der Verwertung seiner Methoden durch jene „relativ geringe Zahl von Personen", würde Bernays heute als „Verschwörungstheoretiker" diffamiert.

---

6 Edward Bernays, *Propaganda*, Englisches Originalzitat bei Wikipedia. (Übersetzung der Autorin.)

Bernays wurde mit der Anwendung der wissenschaftlichen Einsichten in die Funktionsweisen des Menschen in der Masse ein reicher Mann und im Rating von *Life Magazine* zu einer der einflussreichsten Persönlichkeiten des 20. Jahrhunderts. Mit dem genialen Slogan *Make the world safe for democracy* bereitete er das amerikanische Volk auf den Kriegseintritt in den Ersten Weltkrieg vor. Er stellte seine Dienste der Tabakindustrie zur Verfügung und schaffte es, ihr den Markt der bis dahin nicht rauchenden weiblichen Hälfte der Bevölkerung zu erschließen, indem er das Rauchen als Zeichen der Frauenemanzipation öffentlich inszenierte.

Die Mächtigen seiner Zeit bedienten sich seiner Methoden, so auch Joseph Goebbels, Hitlers Reichsminister für Volksaufklärung und Propaganda, der nach Aussage von Bernays alle seine Bücher besaß.[7] Goebbels hatte das Prinzip verstanden und wandte es auf das deutsche Volk an:

> „Das ist das Geheimnis der Propaganda: den, den die Propaganda fassen will, ganz mit den Ideen der Propaganda zu durchtränken, ohne dass er überhaupt merkt, dass er durchtränkt wird ... Wenn die anderen Armeen organisieren und

7 Der Spiegel, *Public Relations – Meister der Verdrehung*, 31/2006.

> Heere aufstellen, dann wollen wir das Heer der öffentlichen Meinung mobilisieren, das Heer der geistigen Vereinheitlichung, dann sind wir wirklich die Weichensteller der Zeit."[8]

Dies sagte Goebbels 1933. Die Armeen und die Konzentrationslager folgten.

An den US-amerikanischen Eliteuniversitäten wurden die Methoden der Massenmanipulation unter Einsatz der neuen technischen Möglichkeiten von Radio und Fernsehen weiterentwickelt. Der Verhaltensforscher *Bernard Berelson* von der Columbia und Stanford University perfektionierte Meinungsumfragen zum Zwecke der Meinungsbildung. Er stand im Dienst der *Ford Foundation* und der *Rockefeller Foundation.* In seinem bahnbrechenden Werk *Public Opinion and Communication*[9] benennt er in der Einleitung glasklar die Voraussetzung der Manipulation der Massen:

---

8 Zitiert bei Wikipedia: Helmut Heiber (Hrsg.): *Goebbels-Reden.* Bd. 1, Droste, Düsseldorf 1971-1972, 25. März 1933, Ansprache an die Intendanten und Direktoren der Rundfunkgesellschaften, S. 95, 106.

9 Bernard Berelson–Morris Janowitz, Public Opinion and Communication, in: Public Opinion Quaterly, Bd 14, Nr. 3, 1950.

„Das Ziel der Säkularisation war die Reduktion aller Imperative des Lebens auf ‚Meinungen', dass diese Imperative also nicht der Ausdruck einer absoluten Moral oder des göttlichen Gesetzes waren. Wenn die ‚Säkularisierung' gelungen war, dann beherrschten jene, welche die ‚Meinungen' steuerten, das Land."[10]

Bernard Berelson stand als Präsident des *Population Council* im Dienst von J. D. Rockefeller III. Mit großem Geld und großem Know-how gelang es ihm zusammen mit Margret Sanger, die Lebensmission des J. D. Rockefeller zu erfüllen, nämlich die Haltung der Amerikaner zur Verhütung zu verändern, damit die Programme der Bevölkerungsreduktion greifen konnten.[11]

Jacques Ellul (1912-1994)

Tiefschürfend nachgedacht über die Voraussetzungen, die Methoden und die Notwendigkeit von

10 Zitiert bei Michael Jones, *Libido Dominandi,* St. Augustine's Press, South Bend 2000, S. 415 (Übersetzung der Autorin).

11 Der Abschnitt über Edward Bernays und Bernard Berelson beruht auf den entsprechenden Abschnitten im Buch der Autorin *Die globale sexuelle Revolution*, Fe-medienverlag, Kisslegg 2012, Kapitel 2.

Propaganda für den demokratisch verfassten Staat hat der französische Philosoph Jacques Ellul. Sein 480 Seiten starkes Werk *Propaganda – Wie die öffentliche Meinung entsteht und geformt wird* [12] erschien 1962 in Paris, also noch vor dem Siegeszug der digitalen Revolution. Die Prinzipien, die er herausarbeitete, haben Gültigkeit für die zielgerichtete Formung der Meinungen und Handlungen des Menschen in der Massengesellschaft, unabhängig vom Quantensprung der Reichweite und psychischen Tiefenwirkung der Propaganda durch die globale digitale Kommunikation.

So definiert Ellul Propaganda:

> „Propaganda ist die Gesamtheit jener Methoden, die durch eine organisierte Gruppe angewendet werden, um eine durch psychische Manipulationen ... psychologisch vereinte Masse an Individuen für ihre Maßnahmen und Aktionen zu mobilisieren, sei es als aktive oder passive Teilnehmer.“ (S. 86)

Es muss also erstens eine Masse an Individuen geben, zweitens eine organisierte Gruppe, die diese

---

12 Jacques Ellul, *Propaganda. Wie die öffentliche Meinung entsteht und geformt wird,* Westend Verlag, Frankfurt a. M. 2021, Erstveröffentlichung bei Armand Colin, Paris 1962.

Masse für ihre eigenen Ziele psychisch manipulieren will, und drittens die Methoden und technischen Mittel, um dies zu erreichen.

Damit Propaganda erfolgreich sein kann, muss die Gesellschaft aus Individuen bestehen, die sich in einer Masse integriert haben. Der Mensch löst sich aus Familie, Dorf, Gemeinde, Heimat, um sich als Einzelner in der Masse wiederzufinden.

Gustave Le Bon, erschüttert von den gewalttätigen Eruptionen der revolutionären Massen seiner Zeit, beschrieb, wie es dazu kommen kann, dass der Mensch in der Masse Dinge tut, die er als Einzelner in seinem sozialen Umfeld nie tun würde. Ellul beschreibt die soziologischen Voraussetzungen, die in der modernen Massengesellschaft gegeben sind.

Ein Mensch ist stabil in seinen Überzeugungen und Handlungen, wenn er in festen sozialen Bindungen lebt, ein tragendes Wertsystem besitzt, die eigene

Heimat liebt und im Großen und Ganzen mit seiner Arbeit und seinem Leben zufrieden ist. Diese Bedingungen von psychischer Stabilität sind immer weniger gegeben. Die Familie wird planmäßig zerstört, die Sinngebung durch Religion greift zunehmend weniger, das moderne Arbeitsleben erfordert vom Einzelnen Mobilität und erfüllt immer weniger Menschen mit Sinn. So wird das Individuum zu einem „schrecklich formbaren, plastischen Menschen, der seiner selbst ungewiss ist, stets bereit, sich zu unterwerfen und allen Vorspiegelungen zu glauben." (S. 16)

Damit Propaganda erfolgreich sein kann, muss die Gesellschaft aus Individuen bestehen, die sich in einer Masse integriert haben. Der Mensch löst sich aus Familie, Dorf, Gemeinde, Heimat, um sich als Einzelner in der Masse wiederzufinden.

> „Folglich kann die Ansammlung von Individuen, die von lebendigen lokalen Strukturen unabhängig sind, immer nur eine unorganisch gebildete und strukturierte Massengesellschaft sein. Umgekehrt kann diese nur aus Einzelnen gebildet werden, das heißt aus Menschen, die in ihrer Vereinzelung jeweils für sich selbst stehen." (S. 123)

... und, so darf man ergänzen, labil, schwach und beeinflussbar geworden sind.

Unsere Zeit verherrlicht die Freiheit des Individuums, das nun alle Maßstäbe in sich selbst finden muss, dem sogar seine Identität als Mann oder Frau fraglich gemacht wird. Aber es ist ein entwurzeltes, einsames, trauriges, bedürftiges Individuum, das keineswegs mehr Freiheit gewonnen, sondern sich selbst verloren hat. Die Dialektik des Individualismus, welcher Freiheit verheißt, macht das nackte Ich des Menschen zu einem manipulierbaren Atom in der Massengesellschaft.

Angewandte Psychologie, Soziologie und Neurobiologie

Propaganda beruht auf den Erkenntnissen der Psychologie, Soziologie und Neurobiologie. Seit der Entdeckung des Unbewussten durch Sigmund Freud und der Konditionierbarkeit des Menschen durch Stimulus und Response (John Watson) haben diese Wissenschaften enorme Fortschritte in der Erkenntnis der Funktionsweisen des Menschen gemacht, der Bildung und Veränderbarkeit von Neigungen, Wünschen, Bedürfnissen und Meinungen, der Gruppendynamik, der Wahrnehmung und der Motivationsstrukturen durch Analyse der inneren Prozesse und des sozialen Milieus. Die Neurobiologie, von Ellul noch nicht erwähnt, findet z. B. in der Entwicklung des Neurolinguistischen Programmierens (NLP) Anwendung. Ohne die immer tiefer in die Geheimnisse des Menschen eindringenden Wissenschaften gäbe es keine moderne Propaganda.

Es ist ähnlich wie mit der Physik: Ohne die Erkenntnisse der Physik gäbe es keine Atombombe. Ohne die Erkenntnisse der menschlichen Reproduktion gäbe es keine künstliche Produktion von Kindern. Immer muss es Wissenschaftler geben, die ihre Kenntnisse wissenschaftsfremden Interessenten zur Verfügung stellen, ohne sich um ethische Grundsätze zu kümmern. Sie dienen ihrem jeweiligen Auftraggeber und machen so die Wissenschaft zur Dienstmagd der Macht.

Die propagandistischen Methoden

Ohne Massenkommunikationsmittel gibt es keine Propaganda. Der Propagandist muss alle technischen Mittel verwenden, die ihm zur Verfügung stehen. Ein Quantensprung in der Beeinflussbarkeit des Menschen war das Fernsehen. In den 1950er Jahren begann sein Siegeszug, ab 1967 in Farbe. Nun gelangte das „Infotainment" ohne Filter direkt in den privaten Bereich des Zuschauers, in die Wohnzimmer, ja in die Kinderzimmer. Niemand musste sich noch die Mühe machen, aus dem Haus zu gehen, um sich unterhalten zu lassen. Das Bild wirkt tiefer als das Wort. Durch Auswahl der Bilder (s. u. „Bilder von Bergamo") und die (ggf. bewusst falsche) Kontextualisierung wird Meinung geschaffen. Bis vor wenigen Jahren konnte man immerhin noch glauben, dass wirklich geschehen war, was man auf dem Bild sah. Auch das ist in Zeiten von Photoshop vorbei. Der nächste Quantensprung war das Internet, es war mehr als ein Quantensprung, vielmehr eine „vierte industrielle Revolution" (Klaus Schwab), die nun nicht nur die Wahrnehmung, die Anschauungen und das Wahl- und Konsumverhalten des Menschen verändert, sondern den Menschen selbst.

Der Propagandist benutzt jedes technische, politische und kulturelle Mittel: Presse, Fernsehen, Kino, Plakate, Konferenzen, die Organisation von Events, die das Interesse der Weltpresse wecken (z. B. UN-Konferenzen zu Bevölkerung, Frauen, Klima), inszenierte Gerichtsprozesse, Memoranden, Resolutionen, die Vergabe von Preisen und Auszeichnungen und seit wenigen Jahren die Social Media des Internets, die mit dem Smartphone (2007) Milliarden von Menschen den heimtückischen Einflüsterungen der Internetgiganten Google, Facebook, Apple, Microsoft, Amazon (Big Tech) ausgeliefert haben.

Grenzen setzt nur noch die Höhe der verfügbaren finanziellen Mittel. In den Händen der privaten Besitzer von Big Tech sind sie grenzenlos. Ohne diese Möglichkeiten zu kennen, schrieb Ellul:

> „Es geht darum, den ganzen Menschen zu erreichen und einzubeziehen. Propaganda versucht, den Menschen durch alle möglichen Zugänge zu erfassen, sowohl durch Gefühle als auch durch Vorstellungen, durch Einwirken auf seine Absichten und seine Bedürfnisse, durch Zugriff auf das Bewusstsein und das Unbewusste, durch Eindringen auf sein privates wie öffentliches Leben. Sie liefert ihm ein umfassendes Modell zur Erklärung der Welt und unmittelbare Handlungsmotive zugleich. Wir sehen uns hier einer Gestalt mythischer Ordnung gegenüber, die die Person im Ganzen zu fassen sucht. Durch den von ihr geschaffenen Mythos zwingt Propaganda ein intuitiv sich herstellendes umfassendes Bild auf, das nur eine einzige, einseitige Deutung zulässt und jede Abweichung davon ausschließt ... [Dieser Mythos] besitzt eine dermaßen antreibende Macht, dass er, einmal akzeptiert, das ganze Individuum unter seine Kontrolle bringt, wodurch es jedem weiteren Einfluss entzogen bleibt. Dies erklärt in allen Fällen, in denen die Erschaffung dieses Mythos erfolgreich war, die vom

Individuum angenommene totalitäre Haltung: seine Handlung entspricht schlicht dem totalitären Zugriff seitens der Propaganda." (S. 28)

Mythenbildung durch Propaganda

Propaganda beruht auf langsamer, kontinuierlicher Beeinflussung durch alle erreichbaren Kanäle. Es müssen nach Möglichkeit äußere Bezugspunkte ausgeschlossen werden, welche den Mythos in Frage stellen könnten. Offen totalitäre Systeme üben strenge Zensur, demokratische Systeme beruhen auf dem Pluralismus der Meinungen und dem offenen Diskurs, allerdings wird diese unverzichtbare Bedingung der Demokratie gerade durch die „Cancel Culture" ausgehöhlt.

Entscheidend ist, dass dem „Propagandierten" verborgen bleibt, dass er Objekt von Propaganda ist. Bestehende Einstellungen dürfen nie direkt attackiert werden, sie müssen zunächst durch Doppeldeutigkeit destabilisiert werden. Propaganda knüpft an die bestehenden Haltungen, Werte und Bedürfnisse der Massenindividuen an. Das ist das Material, aus dem der Propagandist neue Einstellungen und Verhaltensweisen erschafft.

Entscheidend ist, dass dem „Propagandierten" verborgen bleibt, dass er Objekt von Propaganda ist.

Propaganda muss mit dem Mainstream arbeiten, den sie selbst erzeugt. Sie greift die Mythen und Narrative auf, die in der Zielpopulation Geltung haben. Ellul nennt vier große kollektive Grundüberzeugungen, welche in der westlichen Welt quer durch alle Schichten geteilt werden:

1. Das Lebensziel des Menschen ist Glück.
2. Der Mensch ist von Natur aus gut.
3. Geschichte ist unaufhörlicher Fortschritt.
4. Alles ist Materie.[13]

Es handelt sich um humanistische Grundüberzeugungen, die heute kaum mehr jemand als anti-christlich erkennen kann, weil die Eckpfeiler der christlichen Weltsicht nicht mehr verkündet werden:

1. Das Lebensziel des Menschen ist das Ewige Leben.
2. Der Mensch ist von der Erbsünde belastet.

---

13 Jacques Ellul, a. a. O., S. 60

3. Die Geschichte endet mit der Wiederkunft Christi.
4. Es gibt eine metaphysische Wirklichkeit.

Die unmerkliche Verschiebung des ideellen Fundaments der einst christlichen Kultur musste dazu führen, dass Tod und Leiden und Kreuz aus dem Leben ausgegrenzt wurden und Gesundheit und Leidensfreiheit zu den wichtigsten Erfolgskriterien des Lebens wurden. Das ist die weltanschauliche und psychologische Basis der COVID-Agenda.

Die Kunst der Propaganda ist der Schafspelz, den sich der Wolf umlegt. Propaganda wird niemals preisgeben, was die eigentlichen Absichten des Wolfes sind.

In den 1960er Jahren, als das Buch von Jacques Ellul erschien, war linke Ideologie ebenso straßentauglich wie salonfähig, so dass die Rechte sich gezwungen sah, sich gegenüber der Linksideologie zu rechtfertigen. Das hat sich durch den Linksrutsch der christlichen Parteien immer mehr verstärkt.

Der Feind der Demokratie wird nur noch rechts ausgemacht.[14]

Das Vokabular und die thematischen Vorgaben des Mainstreams haben sich verändert, besser sie wurden durch beharrliche, jahrzehntelange Propaganda geändert. Heute geht es um Nachhaltigkeit – ein sonderbar schwammiger Begriff –, um Vielfalt, insbesondere sexuelle Vielfalt, um Inklusivität (UN-Jargon: „Nobody is left behind.“) und um „equity“, Gerechtigkeit durch Gleichheit. Das alles gilt als „gut“. Niemand, der heute die Massen beeinflussen will, kommt an diesen Pflöcken vorbei.

Die Kunst der Propaganda ist der Schafspelz, den sich der Wolf umlegt. Propaganda wird niemals preisgeben, was die eigentlichen Absichten des Wolfes sind. Sie muss von den wohlfeilen „Werten“ sprechen, ja sogar einige unbezweifelbare „Fakten“ liefern, um diese dann zweckdienlich im propagandistischen Kontext zu deuten und umzudeuten. Das nächstliegende Beispiel dafür ist die „Inzidenz“.

---

14 Der deutsche Staat gibt über eine Milliarde Euro für „den Kampf gegen rechts“ aus. Dass es die Rote Armee Fraktion war, die Deutschland zwanzig Jahre lang blutig terrorisiert hat, und die Linke beim G20-Gipfel in Hamburg 2017 ganze Straßenzüge in Brand gesteckt hat, tut dem keinen Abbruch. Mit der Ampelkoalition ist die Antifa nun in die Regierung eingezogen.

Wenn die Fallzahlen nicht in Beziehung zur Anzahl der Tests und tatsächlicher Erkrankungen gesetzt werden, sind sie nur propagandistisches Material, oder in den Worten von Ellul „ein Nebelschleier für Seeschlachten". Das ultimative Ziel ist die Umdeutung von Böse in Gut. Die Schädigung existenzieller Interessen der Zielpopulation wird von ihr (für eine gewisse Zeit) als Wohltat empfunden. Der Wolf braucht dann keinen Schafspelz mehr, er bekommt Wohnstatt im eigenen Habitat. Ein Raubtier bleibt er trotzdem.

„Sprunghafte Wandlungsfähigkeit" ist nach Ellul ein wesenhafter Zug von Propaganda. „Stets herrscht Verwunderung darüber, wie instabil Propaganda in ihrem Inhalt ist, wie sie heute behaupten kann, was sie gestern noch verdammte." (S. 36)

Unzählige Male wurde die Bevölkerung mit Kehrtwenden bei den COVID-Maßnahmen konfrontiert. Es wird toleriert, dass Politiker heute sagen, Maskenpflicht oder Impfzwang wird es nicht geben, um kurz darauf das Gegenteil zu tun. Dabei geht es um existenzielle Belange von Millionen von Staatsbürgern, für die Politiker Verantwortung tragen. Die Geschichte der falschen Verheißungen und gebrochenen Versprechen, was die Wirksamkeit von Masken, Lockdowns und Impfen angeht, wird sicherlich noch geschrieben werden.

Sich dem propagandistischen Netz zu entziehen, ist dann besonders schwer, wenn schon unumkehrbare Taten vollzogen wurden, denn das würde Selbsterkenntnis und Umkehr erfordern. Da ist es für die meisten doch leichter, die Kehrtwenden der Politik zu rechtfertigen und mitzumachen. Ellul:

> „Wer im Auftrag von Propaganda handelt, kann nicht mehr zurück. Jetzt ist er aufgrund seiner vergangenen Handlung gezwungen, an diese Propaganda zu glauben. Er ist gezwungen die Aktion zu rechtfertigen, zu autorisieren, andernfalls wird ihm seine Tat absurd oder ungerecht erscheinen, was keinesfalls passieren darf." (S. 49)

Man denkt dabei an die Gräueltaten, die Menschen in totalitären Unterdrückungsstaaten ausgeübt haben, und weniger an die Unterwerfung unter den gegenwärtigen Corona-Verordnungsstaat. Aber Ellul stellt trocken fest: „Wiederholt sei noch einmal, dass Propaganda, die nicht zu dieser Form von Teilhabe führt, läppisch ist." (S. 50)

Das Bedürfnis nach Propaganda

Propaganda hätte keine Chance, das Individuum zu vereinnahmen, es seiner Urteilskraft und Entscheidungsfähigkeit zu berauben, mit einem Wort sich selbst zu entfremden, wenn sie nicht auf ein Bedürfnis antworten würde.

Der entwurzelte Mensch ist von der Komplexität der modernen, brüchigen Gesellschaft vollständig überfordert. Er droht in der Flut zusammenhangloser und überwiegend katastrophaler Nachrichten aus aller Welt zu ertrinken; die materiellen Grundlagen seiner Existenz waren auch schon vor den Corona-Maßnahmen gefährdet. Das Leben ist prekär geworden und die Lebensbedingungen verändern sich in rasendem Tempo. Die Massenmedien konfrontieren den Einzelnen ständig mit Themen (Migration, Klima, Energie, Wirtschaft), die sein Leben betreffen, zu denen er aber außerstande ist, sich eine eigene Meinung zu bilden. Vielmehr muss er erkennen, dass er von Entscheidungen abhängt, auf die er keinerlei Einfluss hat.

> „Derlei Eindrücke lassen ihn verzweifelt zurück. Dieser Mensch kann einer solchen Wirklichkeit nicht lange ins Angesicht blicken. Er bedarf zwangsläufig eines ideologischen Schleiers, eines Trosts, einer Daseinsberechtigung, einer Aufwertung. Und nur Propaganda kann ihm Abhilfe für eine unerträgliche konkrete Situation verschaffen." (S. 186)

Er braucht ein Narrativ für die Welt, das ihm gestattet, sich auf der richtigen Seite der Geschichte zu fühlen. Dieses Gefühl wird durch die Erfahrung vermittelt, mit dem eigenen Umfeld in Übereinstimmung zu sein. Da die Bindung an die primären Gruppen von Familie, Gemeinde, Heimat, Kirche brüchig geworden ist, muss der Mainstream, der durch die gleichgeschalteten Massenmedien permanent den privaten Raum überflutet, diese ersetzen.

Der Einzelne braucht ein Narrativ für die Welt, das ihm gestattet, sich auf der richtigen Seite der Geschichte zu fühlen.

„[Der entwurzelte Mensch] ist der Leere ausgeliefert, er ist ein leerer Mensch ... und bittet nur um eines, dass man seine Leere ausfülle ... er ist ein einsamer Mensch, der zutiefst darunter leidet. Sein Bedürfnis, wieder in eine Gemeinschaft integriert zu werden, ein Umfeld zu haben, eine Gemeinschaft auf ideologischer und affektiver Ebene zu erleben, kennt keine Grenzen. Einsamkeit, Masseneinsamkeit, sind eine Prüfung,

> vielleicht die schrecklichste des modernen Menschen. Eine solche Einsamkeit, in der man nichts teilen kann, in der echter Dialog unmöglich ist, in der man sich von nichts und niemandem etwas erhoffen kann, verstört den Menschen zutiefst. Nun, auch hier kommt Propaganda als ein unvergleichliches Mittel ins Spiel, sie bedient das Bedürfnis zu teilen, nach Gemeinschaft, danach in einer Gruppe aufzugehen und eine kollektive Ideologie anzunehmen, die der Einsamkeit ein Ende setzt. Sie ist wahrhaft eine Therapie für die Einsamkeit." (S. 196)

Der Preis ist die Entfremdung von sich selbst. Der Mensch, der sich der Propaganda hingegeben hat, hat eine existenzielle Tröstung erfahren. Er verteidigt die Inhalte der Propaganda mit Zähnen und Klauen, denn würde er sich ihr entziehen, wäre er wieder der ohnmächtige, einsame Nobody – ein Gefühl, das ihn unbewusst ständig bedroht. Informationen, die sein angenommenes Weltbild ins Wanken bringen könnten, lässt er nicht zu oder wehrt sie als „Propaganda" ab. Er sichert sich durch Tabuzonen ab, an die seine Umgebung nicht rühren darf, will sie nicht die Beziehung riskieren. Einem offenen Dialog kann er sich nicht stellen, denn er ist zu seinen Ansichten nicht durch eigenes, mühsames Erwägen von Für und Wider gelangt, sondern hat sich die Ansichten zu eigen gemacht, die ihm Akzeptanz in seinem sozialen Umfeld garantieren. Die Welt ist fortan in Freund und Feind geteilt; wie weit er in der Verfolgung des Feindes geht, wird weniger von seinem eigenen Gewissen bestimmt als von dem, was im Rudel, dem er angehört, das Gebot der Stunde ist.

Demokratie und Propaganda

Der Glaube an die Demokratie, an die über viele Stufen von unten nach oben vermittelte „Herrschaft des Volkes", ist der verbindende Mythos der westlichen Welt, der „freien Welt", wie sie noch bis zum Fall der Mauer im Unterschied zur kommunistischen Diktatur genannt wurde. Mit dem Mythos Demokratie werden Kriege gerechtfertigt, vom Eintritt der USA in den Ersten Weltkrieg bis zum Angriffskrieg der USA auf den Irak im Jahre 2003. Der Slogan „Make the world safe for democracy!" rechtfertigt seit bald hundert Jahren die Kriege der USA. Der Glaube an den Mythos ist so stark, dass sich sogar totalitäre Staaten wie die Deutsche Demokratische Republik „demokratisch" nennen und Wahlen abhalten, von denen jeder weiß, dass die 99 Prozent, mit denen sich die Diktatoren „wählen" lassen, eine Farce sind.

Demokratie ist die dem Individualismus entsprechende Staatsform. Das Individuum darf sich im Glauben wiegen, mit der Abgabe seines Stimmzettels hätte es Einfluss auf die Geschicke seines Landes, ja seines eigenen Lebens. Dazu Ellul:

> „In einer Demokratie müssen die Bürger an den Entscheidungen des Staates beteiligt werden. Dies ist die große Rolle, die Propaganda zu spielen hat. Den Bürgern muss das (von ihnen ersehnte und sie befriedigende) Gefühl gegeben werden, das Handeln der Regierung gewollt zu haben, für es verantwortlich zu sein, sich dafür einzusetzen und zum Erfolg zu führen." (S. 171)

Was aber, wenn in den Augen eines großen Teils der Bevölkerung nur noch zwischen Skylla und Charybdis gewählt werden kann, zwischen zwei Übeln? Was, wenn eine von einem beträchtlichen Teil der Bevölkerung gewählte Partei dämonisiert und systematisch an politischer Einflussnahme gehindert wird? Was, wenn die Medien nicht mehr ihrer zentralen Aufgabe nachkommen, die Macht zu kontrollieren, vielmehr zu willfährigen Werkzeugen der Propaganda geworden sind? Was, wenn Regierungen Interessen zu dienen scheinen, die nicht dem Wohl des eigenen Volkes dienen, und nicht gefragt werden darf, wer eigentlich die Fäden zieht?

All diese Bruchstellen füllt der Kitt der Propaganda, zu deren wesentlichen Aufgaben es gehört, den Mythos der Souveränität des Volkes aufrecht zu erhalten.

> „Dieses permanente Wechselspiel zwischen Ausübung von Propaganda auf die Masse und Ausdruck eines Volkswillens, dem die demokratische und vormundschaftliche Entscheidung der Regierung antwortet, charakterisiert gegenwärtig am besten das Verhältnis Masse/Regierung." (S. 176)

„Freie Wahlen" galten als Legitimitätsquelle der Regierung. Aber es scheint, dass das Volumen der finanziellen Mittel, die einer Partei zur Verfügung stehen, um Propaganda zu betreiben, ein entscheidender Faktor für den „Verkauf" einer Agenda und sogar für den Ausgang von Wahlen ist. NGOs (Nicht-Regierungs-Organisationen), die von privaten Milliardären finanziert werden, spielen dabei eine immer gewichtigere Rolle.

Noam Chomsky (*1928)

Der heute über neunzigjährige Noam Chomsky wurde von *The New York Times* als einer der wichtigsten Denker der heutigen Zeit betitelt. Zusammen mit Edward S. Herman hat er ein Modell entwickelt, um zu erklären, wie in Demokratien die Zustimmung des Volkes zur politischen Agenda des Staates hergestellt wird. Das Buch trägt den Titel *Manufacturing Consent: The Political Economy of the Mass Media* und erschien erstmals 1988.

Nach der Auffassung Chomskys wird die öffentliche Meinung in formal demokratischen Gesellschaften manipuliert, um einen gesellschaftlichen Schein-Konsens herzustellen, von dem letztlich nur eine kleine Minderheit der Gesellschaft profitiert, die wirtschaftliche und politische Machtelite. Ein Dokumentarfilm über Chomsky trägt den Titel *Die Konsensfabrik,* ein treffendes Wort für die Massenmedien unserer Zeit. Die Besitzer dieser „Fabrik", nämlich die kleine Zahl der Eigentümer der Massenmedien, bestimmen darüber, welche Produkte, sprich welche Meinungen und welches Verhalten der Massen, mittels *Agenda setting* und *Framing* erzeugt werden sollen.

Mit seinem Koautor Edward Herman entwickelte Chomsky eine Liste von zehn Strategien, die von den Massenmedien nach Bedarf eingesetzt werden.

1. Die Strategie der Ablenkung

Die Aufmerksamkeit der Öffentlichkeit wird durch Überschwemmung mit nebensächlichen Informationen von der Hauptsache abgelenkt, nämlich den Veränderungen und Weichenstellungen, die von den politischen und wirtschaftlichen Eliten angestrebt werden.

Im Corona-Kontext: Die nun schon seit zwei Jahren anhaltende Fixierung auf das alles überschattende Thema Corona erlaubt es, lebensentscheidende Themen wie Geldsystem, Familienpolitik, Migration der öffentlichen Aufmerksamkeit fast vollständig zu entziehen.

2. Probleme schaffen und Lösungen anbieten

Es wird ein Problem geschaffen, eine gesellschaftliche Situation, von der man erwartet, dass sie eine bestimmte Reaktion in der Öffentlichkeit hervorruft, mit dem Zweck, dass dann Maßnahmen durchgesetzt werden können, die ohne diese Situation nicht akzeptiert würden.

Im Corona-Kontext: Es wird unter dem Deckmantel des Schutzes vulnerabler Bevölkerungsgruppen ein totalitärer Überwachungsstaat zur Durchführung des „Great Reset" geschaffen.

3. Die Strategie der Allmählichkeit

Inakzeptable Maßnahmen werden schrittweise über längere Zeit mit langfristigen Strategien durchgesetzt („Salamitaktik").

1. Schritt: Massive Impfpropaganda, welche die Bevölkerung zur freiwilligen Impfung bewegen soll.
2. Schritt: Diffamierung der Ungeimpften durch höchste Politiker und die Medien, Schuldzuweisung an der Pandemie.
3. Schritt: Impfzwang für bestimmte Berufsgruppen, andernfalls Entlassung.
4. Schritt: Ausgrenzung der Ungeimpften aus dem öffentlichen Leben.
5. Schritt: Gesetzlicher Impfzwang für die gesamte Bevölkerung. Dieser scheiterte vorerst in Deutschland und Österreich an Massendemonstrationen gegen die Corona-Maßnahmen.

4. Die Strategie des Aufschubs

Die Massen werden auf *zukünftige* schmerzhafte Opfer für notwendige Veränderungen vorbereitet, um sie dann zu gegebener Zeit zu akzeptieren.

Beispiel: die Ankündigung des als unausweichlich dargestellten „Great Reset".

5./6. Infantilisierung.
Die Massen-Individuen werden wie kleine Kinder möglichst emotional angesprochen, um die erwachsene, kritische Rationalität auszuhebeln und Zugang zum Unterbewussten zu erlangen.

Im Corona-Kontext: Die Darstellung von Einzelfällen in Wort und Bild erzeugt Angst. So wird die rationale Frage nach ihrer Wahrscheinlichkeit, die nur durch seriöse Statistik beantwortet werden kann, nicht gestellt.

7./8. Förderung der Ignoranz der Massen durch Absenkung des Bildungsniveaus.
Dadurch wird die Kluft zwischen der Ausbildung der Massen und der Eliten zunehmend größer und kann von den unteren Klassen nicht überbrückt werden. Die „Unwissenheitsplanung“ wird als „gleiche Chance für alle“ und „Inklusion“ verkauft.

Beispiel: Der Niedergang des deutschen Bildungssystems.

Die fachliche Diskussion von Studien und Statistiken kann ohne eine gewisse Grundbildung nicht richtig eingeordnet, geschweige denn deren Manipulation erkannt werden.

9. Empörung gegen ungerechte Verhältnisse in subjektive Schuldgefühle verwandeln.
Die Person schreibt es ihrem eigenen Unvermögen zu, wenn sie nicht Schritt halten kann mit den gesellschaftlichen Veränderungen zugunsten der Machtelite.

Beispiel: Arbeitslosigkeit, Schuldgefühle der Mütter durch Doppelbelastung

10. Machtausübung
Mittels der neuen Erkenntnisse der Psychologie und Neurobiologie kennt der Konsensfabrikant den Menschen besser als dieser sich selbst. Nutzung dieser Erkenntnisse zur Kontrolle und Machtausübung.

LGBT-Propaganda: After The Ball

Dem Buch *After The Ball* verdanken wir die präzise Beschreibung der Methoden der zielgerichteten Veränderung tiefsitzender Einstellungen der Bevölkerung. Im Untertitel nennen die in Harvard ausgebildeten Sozialwissenschaftler Marshall Kirk und Hunter Madsen, um welche Einstellungen es ihn geht:

How America will conquer its fear & hatred of Gays in the 90's.[15] (Wie Amerika seine Angst und seinen Hass gegen Schwule in den 90er Jahren besiegen wird.) Entgegen den Prinzipien von Propaganda wird hier das Ziel offengelegt. Es handelt sich um ein praktisches Handbuch von und für Homoaktivisten, vorgelegt zu Zeiten, als das Internet noch in den Kinderschuhen steckte. Die Konsumenten der Massenmedien merken nichts davon, dass sie Opfer einer medialen Kampagne sind, bei der die neuesten Erkenntnisse der Sozialpsychologie Anwendung finden. Sie werden ihre veränderten Ansichten zur Homosexualität für ihre eigenen halten und jeden mehr oder weniger militant ablehnen, der diese Ansichten nicht teilt.

Die Konsumenten der Massenmedien merken nichts davon, dass sie Opfer einer medialen Kampagne sind, bei der die neuesten Erkenntnisse der Sozialpsychologie Anwendung finden.

15 Marshall Kirk, Hunter Madsen, *After the Ball: How America will conquer its fear & hatred of Gays in the 90's*, Plume Printing 1989.

Es ist ein kühnes Unterfangen, die tief verwurzelten Grundeinstellungen der Bevölkerung zur Sexualität innerhalb von zehn Jahren verändern zu wollen. Die strategischen Aktivisten haben ihre radikalen Ziele erreicht: die Veränderung der Einstellung zu Homosexualität von Ablehnung zur Akzeptanz, zur gesetzlichen Legitimierung, zur staatlich verordneten Pädagogik bis hin zur medialen, sozialen und juristischen Verfolgung derer, die trotz allem ihrer biblisch und biologisch begründeten Einstellung zur Sexualität treu geblieben sind.[16] Nachdem das Tor zur Akzeptanz der Homosexualität aufgestoßen war, gab es kein Halten mehr für alle Arten der Überwindung der „normativen Heterosexualität": Bi-, Trans- Inter-Sexualität und „Queer" für alle, die

16 Von den Hunderten von Gerichtsverfahren, die von der LGBT-Lobby gegen Personen inszeniert werden, die der biblischen Auffassung über Sexualität treu sind, sei nur eines der letzten genannt: Der Prozess gegen die finnische Parlamentsabgeordnete und ehemalige Innenministerin Päivi Räsänen, die zusammen mit Bischof Juhana Pohjola wegen „Agitation gegen eine ethnische Gruppe" angeklagt wurde, weil sie sich 2004 in einem Flyer und 2019 in einem Tweet für Sex innerhalb der Ehe von Mann und Frau ausgesprochen hat. Ihr droht Gefängnis. Am 30. März 2022 wurde sie vom Helsinki District Court in allen Punkten einstimmig freigesprochen. Die Staatsanwältin hat Berufung eingelegt. Päivi Räsänen wird von der Menschenrechtsorganisation Alliance Defending Freedom International verteidigt. https://adfinternational.org/live-from-court/

sich in den Kategorien LGBTI nicht wiederfinden können.

Marshall Kirk und Hunter Madsen geht es darum, „die Maschine des Vorurteils" anzuhalten und in ihr Gegenteil zu verkehren. Das geschieht in drei Schritten:

1. Desensibilisierung
2. „Jamming", die Blockierung der „Vorurteilsmaschine". Dafür verwenden die Autoren das Bild der Uhr, deren Zeiger rückwärts laufen sollen.
3. Konversion

1. Desensibilisierung

Um die „straights", die Heterosexuellen, an das offene Auftreten von Schwulen zu gewöhnen, müssen sie einer kontinuierlichen Flut von Werbekampagnen ausgesetzt werden, bei der Schwule und Lesben sympathisch dargestellt werden mit Eigenschaften und Lebensstilen, die vom Durchschnitt der Bevölkerung geteilt werden: nette und sympathische Jungs und Mädels, sportliche Teenager, freundliche Polizisten. Das Bild muss Normalität ausstrahlen. Erst wird das sympathische Bild gezeigt, das positive Emotionen weckt, dann wird ihm das Label „schwul" angeheftet. Das erzeugt emotionale Dissonanz. Da das Bild stärker wirkt als das Label, wird allmählich die positive Reaktion auf das Bild auf das Label übertragen. Das nennt sich *Assoziative Konditionierung*. „Die Zeiger der Uhr verlangsamen sich." Die Intensität der „Vorurteile" wird gemindert.

> „Wir wissen, dass dieses Bild nicht wahr ist, die Schwulen wissen es und die Bigotten wissen es auch. Aber es spielt keine Rolle, dass die Image-Bilder einer Werbekampagne Lügen sind, weil wir sie für einen ethisch guten Zweck benutzen, um nämlich die negativen Stereotypen aufzulösen, die ebenso Lügen sind und noch viel schlimmere als unsere."[17] (S. 154, Übersetzung der Autorin)

2. Blockieren der „Vorurteilsmaschine"

Die Methode heißt *Direktes emotionales Modeling*. Alle Menschen wollen von ihrem sozialen Umfeld akzeptiert sein. Sie wollen auf keinen Fall Außenseiter sein. Solange die „Vorurteilsmaschine" noch geräuschlos und unbewusst arbeiten konnte, war die Ablehnung von Homosexuellen, auf deren Kosten man ungestraft Witze machen konnte, das gängige

17 Das ist die Grundversuchung zum Bösen: Der Zweck heiligt die Mittel. Der Handelnde definiert seinen Zweck als gut und fühlt sich dann berechtigt, böse Mittel zu dessen Erreichung anzuwenden.

Klischee. In den vorausgehenden Jahrzehnten hatte sich die Einstellung zu Juden, Schwarzen und Frauen geändert. Wer über diese Gruppen abfällige Äußerungen machte, wurde von der Mehrheit abgelehnt. Der Trick ist nun, die Ablehnung von Homosexuellen mit der Ablehnung von anderen Minderheiten gleichzusetzen und so den „Homohasser“ zu einem Außenseiter zu machen. Das konnte das Selbstbild des durchschnittlichen Fernsehzuschauers, der zum Mainstream gehören will, nicht ertragen.

> „Propagandistische Werbung stellt den homophoben und homohassenden Frömmler als Großmaul und Arschloch dar und zwar als jemanden, der nicht nur ‚Schwuchtel‘ sagt, sondern auch ‚Nigger‘ oder ‚Judensau‘ oder sonstige schambesetzte Ausdrücke – der jedenfalls kein Christ ist. Man stellt sie als Leute dar, die kritisiert, gehasst und gemieden werden. Man zeigt, dass Schwule fürchterlich leiden müssen und dass dies die direkte Folge von Homohass ist, Leiden, die Frömmler auf keinen Fall verursachen wollen. Homohassendes Frömmlertum wird in Verbindung gebracht mit allen möglichen Attributen, die den gut Angepassten beschämen würden und die er deswegen auf keinen Fall haben will. Und man zeigt die Konsequenzen, die unangenehm sind und Angst erzeugen. Der Angriff ist auf das

Selbstbild gerichtet und auf die Ausmerzung der angenehmen Gefühle, die der Homohass bisher erzeugt hat ... Uns geht es um die Konversion der Gefühle, der Einstellungen und des Willens des durchschnittlichen Amerikaners durch einen geplanten psychologischen Angriff in der Form von Propaganda, welche der Nation durch die Medien verabreicht wird ... Wir erzielen unsere Wirkung ohne auf Tatsachen, Logik oder Beweise zu bauen." (S. 151ff., Übersetzung der Autorin)

Im Bild der Uhr: Diese Methode ist, als würde man feinen Sand in das Uhrwerk einer alten Taschenuhr streuen. Die Uhr wird blockiert, die Zeiger drehen sich nicht mehr. Ist das gelungen, geht es darum, dass sich die Zeiger in die andere Richtung bewegen.

„Wir benutzen den Mechanismus des Vorurteils für unsere eigenen Zwecke – das, was Amerikaner dazu gebracht hat, uns zu hassen, benutzen wir, um diesen Hass in warme Zuneigung zu verwandeln, ob sie das mögen oder nicht." (S. 153f)

3. Konversion

„Um die Konversion zu erzielen benutzen wir den natürlichen Prozess der Stereotypen-Bildung mit folgender Wirkung: Wir nehmen die guten Gefühle des Frömmlers zu allgemein akzeptierten Typen und übertragen sie auf das Etikett ‚schwul'. Während beim Blockieren das Target, das Zielobjekt, als Bigotter dargestellt wird, der von der Menge wegen seiner Vorurteile gegen Schwule abgelehnt wird, wird das Target bei der Konversion in fröhlicher Geselligkeit mit Schwulen gezeigt. Noch einmal sei gesagt, für den Durchschnittsmenschen, der natürlicherweise das fühlt, was er bei seinen Mitmenschen wahrnimmt, ist es sehr schwierig, auf eine hinreichend kalkulierte Werbung nicht mit einem Kniereflex zu reagieren." (S. 155f.)

Die Strategen der sexuellen Revolution wissen, dass sie auf die Medien angewiesen sind:

> „Unser Ziel ist hochgesteckt und schwer zu erreichen. Uns fehlt nicht die Kenntnis psychologischer Prinzipien, es besteht auch kein Mangel an der Wirksamkeit der verfügbaren Methoden. Die Prinzipien sind bekannt und die Methoden funktionieren. Der Flaschenhals ist die mediale Reichweite unserer Propaganda. Der Erfolg hängt davon ab, ob die Medien mit diesen Bildern geflutet werden können. Und das heißt Geld, und Geld heißt Arbeitsstunden. Entscheidend ist, die Gay Community hinter diesen Zielen und dieser Strategie zu vereinen." (S. 156)

Die psychologisch geschulten Aktivisten beschränken sich jedoch nicht auf die Wirkung von Propaganda, denn sie kann nicht verhindern, dass es dennoch hartnäckige Verweigerer gibt. Wo Propaganda versagt, muss gesetzlicher Zwang angewandt werden.

- Mache alle Andersdenkenden per Gesetz mundtot.
- Gewinne die Kontrolle über Gerichte und Medien (besonders TV).
- Lasse pro-homosexuelle Propaganda in alle Schulen einfließen.
- Streite ab, dass es eine Agenda gibt, die wir aggressiv verfolgen.

Wo Propaganda versagt, muss gesetzlicher Zwang angewandt werden.

Bleibt die Frage, warum sich die Medien der LGBT-Propaganda willig zur Verfügung stellten und es bis zum heutigen Tag tun. Vielleicht ist die Antwort einfach: weil jene wenigen, denen die großen Medienkonzerne gehören, diese Agenda unterstützen, weil die Journalisten in ihrer Mehrheit unverheiratet, kinderlos und links sind und anders gar keine Berufschancen mehr haben, und weil auch sie Targets der Propaganda sind, auf die sie mit „Kniereflexen“ reagieren.

Albert Bidermans Diagramm des Zwangs

Albert Biderman war Sozialwissenschaftler bei der US-Airforce. Er sollte an den Veteranen des Koreakrieges untersuchen, wie sie dazu gebracht wurden, mit ihren Peinigern zu kooperieren, ja sogar deren Ideologie zu übernehmen. Biderman ist bekannt für sein *Diagramm des Zwangs*, das er in den 1950er Jahren entwickelt hat, also noch vor der Weiterentwicklung der humanwissenschaftlichen Grundlagen der Methoden der modernen Propaganda, wie sie in *After The* Ball offengelegt werden. Da dieses *Diagramm des Zwangs* frappierende Parallelen zu den staatlichen Maßnahmen zur Pandemie-Bekämpfung aufweist, sei es an dieser Stelle dargestellt.

Das Diagramm des Zwangs zeigt die aufeinanderfolgenden Stufen der psychischen Folter, auch „Gehirnwäsche“ oder „Mentizid“ genannt. Ziel dieser psychischen Foltermethode ist es, die

Persönlichkeit des Menschen zu brechen, seine Überzeugungen auszuradieren, ihn zu falschen Geständnissen zu bringen und ihm die Ideologie des Feindes einzupfropfen. Nach Amnesty International handelt es sich dabei um „universelle Werkzeuge der Folter und Nötigung, die auch beim psychologischen Missbrauch durch häusliche Gewalt angewandt werden". Wir werden sehen, dass sie sich auch dazu eignen, ein Volk in die Massenpsychose zu treiben. Die acht Stufen sind:

1. Isolation
2. Monopolisierung der Wahrnehmung
3. Herbeiführung von Erschöpfung
4. Schüren von Angst
5. Gelegentliche Lockerung der unterdrückenden Maßnahmen
6. Demonstration von Allmacht
7. Reduzierung des Gefangenen auf das Niveau eines Kindes/Tieres durch Demütigung
8. Erzwingung von Gehorsam gegenüber sinnlosen und trivialen Forderungen

Die Anwendung dieser psychischen Foltermethoden im militärischen Kontext führt zur Brechung der Persönlichkeit und macht das Opfer zur Knetmasse in der Hand des Folterers. Werden diese Prinzipien auf ein ganzes Volk angewandt, so kann eine Massenpsychose induziert werden, welche die Menschen dazu bringt, staatlichen Maßnahmen Folge zu leisten, die ihnen schweren Schaden zufügen.

Es zeigen sich verblüffende Parallelen zu den staatlichen Corona-Maßnahmen.[18]

1. Lockdown und Distanzierungsregeln
2. Monopolisierung der Wahrnehmung durch mediale Gleichschaltung und Zensur kritischer Stimmen
3. Herbeigeführte Erschöpfung durch Homeoffice und Arbeitslosigkeit
4. Das Schüren von Angst vor Krankheit und Tod
5. Das Spiel mit der Hoffnung: willkürliche Lockerung der Maßnahmen, um sie dann wieder zu verschärfen
6. Demonstration von Allmacht durch Androhung existenzgefährdender Strafen
7. Demütigung durch Masken- und Testzwang
8. Zwang zur Befolgung sinnloser, widersprüchlicher und ständig wechselnder staatlicher Zwangsverordnungen

---

18 Express Zeitung, Ausgabe 43, Oktober 2021, *Massenpsychose. Wenn der Wahnsinn zur „Neuen Normalität" wird*, Teil 1/2

Mattias Desmet

Mattias Desmet[19] ist Professor für klinische Psychologie an der Universität von Gent in Belgien und besitzt einen Master-Abschluss in Statistik. Er hat sich intensiv mit *mass formation* befasst und beschreibt deren Dynamik anhand der gegenwärtigen Pandemie.

Bereits Anfang 2020 fiel ihm auf, dass die Prognosemodelle die Gefahr des Virus außerordentlich überschätzten, insbesondere die Modelle des Imperial College in London. Sie prognostizierten für das kleine Land Schweden 80.000 Corona-Tote bis Ende Mai 2020, falls nicht ein radikaler Lockdown verhängt würde. Schweden erließ keinen Lockdown, bis Ende Mai starben 6000 Menschen an Corona. Von Anfang an wurden Zweifel an den Todeszahlen laut, denn es wurde nicht unterschieden, ob jemand *an* oder *mit* Corona gestorben war. Krankenhäuser bekamen von der EU Zusatzzahlungen für jeden Corona-Fall.[20]

---

19 Mattias Desmet hat für 2022 ein Buch mit dem Titel *The Psychology of Totalitarianism* angekündigt. Die Ausführungen hier fassen zwei Internet-Auftritte von Mattias Desmet zusammen: https://www.youtube.com/watch?v=IqPJiM5Ir3A https://omny.fm/shows/mark-groves/with-mattias-desmet

20 https://www.solidaris.de/aktuelles/coronavirus-rettungsschirm-krankenhaus/

Dem Prognosemodell des Imperial College widersprach der weltberühmte Professor für Medizin und Epidemiologie an der Stanford University, John Ioannidis. 2005 hatte er das Buch veröffentlicht *Why Most Published Research Findings Are False.* Fünfzehn Jahre später, zu Beginn der Pandemie widersprach er dem offiziellen Narrativ von einem Killervirus, der Millionen von Menschenleben hinwegraffen würde, und nannte es „offensichtliche Science Fiction". Die Schäden der Massenquarantäne könnten viel schlimmer sein als alles, was das Corona-Virus anrichten könne.[21] Zudem warnten die Vereinten Nationen (UN) seit März 2020 davor, dass mehr Menschen in den Entwicklungsländern als Folge des Lockdowns sterben würden als durch den Virus selbst, wenn gar nichts zu seiner Bekämpfung unternommen würde. Ioannidis wurde nicht gehört, vielmehr bekämpft, gecancelt und bedroht. Was einem Forscher mit höchster Qualifikation und Weltruhm widerfuhr, geschah jedem Kritiker der staatlichen Politik: Diffamierung, Ausschluss, bis hin zur juristischen Verfolgung.

Das machte Mattias Desmet stutzig. Er stellte fest, dass zwei selbstverständliche Prinzipien keine Beachtung fanden:

21 https://www.statnews.com/2020/03/17/a-fiasco-in-the-making-as-the-coronavirus-pandemic-takes-hold-we-are-making-decisions-without-reliable-data/

1. Staatliche Maßnahmen, die sich auf wissenschaftliche Erkenntnisse berufen, müssten ihre Grundannahmen über die Gefährlichkeit des Virus korrigieren, wenn sich diese als falsch erwiesen.
2. Es müsste gelten, was für die Bekämpfung jeder Krankheit selbstverständlich ist: Das Heilmittel darf nicht schlimmere Folgen haben als die Krankheit selbst.

Aber es gab kein einziges mathematisches Modell, das die erhoffte Effizienz bei der Virus-Bekämpfung zu den Kollateralschäden in Beziehung setzte. Die gesamte Aufmerksamkeit der Welt, genauer der Mainstream-Medien der Welt und der meisten Regierungen, war auf einen einzigen Punkt gerichtet: die Gefahr des Virus. „Alles Übrige verschwand in der Dunkelheit, hatte keine kognitive und emotionale Wirkung mehr."

Was ging hier vor? Die Antwort von Desmet: *Mass Formation.* Es hatte sich eine Masse gebildet, die sich in einer Art hypnotischem Zustand befand. Wie in der Hypnose werden die Menschen unempfindlich gegenüber Schmerz, nämlich ihren persönlichen Verlusten durch die staatlichen Maßnahmen, und erleben in der Masse eine neue Zugehörigkeit. Diese Masse ist der Vernunft nicht zugänglich, ist höchst manipulierbar und extrem intolerant. Sie kann, wie schon Gustave Le Bon beschrieben hat, zu Gewalttaten neigen und bildet die psychologische Basis für ein totalitäres Regime. Ob sie sich unbewusst bildet oder durch gezielte Strategie geschaffen wird, was bislang mit dem Wort Verschwörung bezeichnet wurde, lässt Desmet offen. Jedenfalls ist Mass Formation einer ganzen Bevölkerung nur möglich durch die Massenmedien, die immer das gleiche Narrativ wiederholen.

Das Heilmittel darf nicht schlimmere Folgen haben als die Krankheit selbst.

Desmet nennt drei Bedingungen, damit Mass Formation greifen kann, und stimmt darin mit Jacques Ellul überein:

1. Bindungslosigkeit
2. Sinnlosigkeit
3. Freischwebende Angst

Diese drei Voraussetzungen von Mass Formation sind heute mehr als jemals in der Geschichte gegeben.

Ad 1. Durch das Zerbrechen der Familien, die vom Berufsleben erzwungene Mobilität und die Verlagerung des menschlichen Kontakts ins Internet ist Masseneinsamkeit entstanden. 25 % der Erwachsenen in den USA haben, so Desmet, keinen einzigen nahen Freund. Die Millenials, jene Bevölkerungsgruppe, welche um die Jahrtausendwende volljährig wurde, sei die einsamste Altersgruppe, von ihnen insbesondere die Männer. Das zeigt sich in der Zunahme von Depression als neuer Volkskrankheit, was sich wiederum im enormen Anstieg des Verbrauchs von Antidepressiva äußert. In England gibt es sogar ein Ministerium für Einsamkeit.

Ad 2. Viele Menschen sehen keinen Sinn in ihrem Leben. Desmet bezieht sich auf das Buch von David Graeber mit dem Titel *Bullshit Jobs.* In einer Studie sagen 50 % der Befragten, sie hielten ihren Beruf für sinnlos. Eine Gallup-Umfrage von 2012 in 142 Ländern hat ergeben, dass 63 % ihre Arbeit wie ein Schlafwandler erledigen, ohne jedes Engagement. Beide Faktoren zusammen erzeugen freischwebende Angst.

Ad 3. Es ist eine diffuse Angst, die kein spezifisches Objekt hat. Der Mensch hat Angst, aber weiß nicht wovor. Laut WHO hat jeder Fünfte eine Angststörung.

Das Individuum verschwindet im Kollektiv und mit ihm das kritische Denken. Das geschieht unabhängig vom Intelligenzniveau.

Das sind „ideale" Bedingungen für Mass Formation. Desmet erklärt das so: Die Massenmedien bieten ein konkretes Objekt für die Angst an und gleichzeitig eine Strategie der Lösung. Die qualvolle diffuse Angst wirft sich auf das Objekt des Narrativs. Das führt zu einer Reduktion des Angstgefühls, denn es entsteht jetzt das Empfinden, die Angst könne durch einen Sieg über das Angstobjekt beherrscht werden. Die Menschen werden bereit, sich in diesem Kampf zu engagieren, der ein neues Gefühl von sozialer Bindung und Solidarität in der Masse erzeugt. Die Glaubwürdigkeit des Narrativs ist dabei gänzlich nebensächlich. Wichtig ist der psychologische Effekt der Angstreduktion. Sie macht den Menschen bereit, wichtigste Güter seines Lebens zu opfern, wie Freiheit, Grundrechte, Wohlstand, finanzielle Selbstständigkeit, das Wohl der Kinder.

Es kommt zu einer Art von Massenhypnose. Das Individuum verschwindet im Kollektiv und mit ihm das kritische Denken. Das geschieht unabhängig vom Intelligenzniveau. Am Anfang verfallen nur etwa 30 % dieser Massenhypnose. 40 % sind Mitläufer. 20 % bis 30 % widerstehen dem Druck der Masse und sind bereit, ihre Stimme zu erheben. Von ihnen hängt es ab, ob die Massenhypnose durchbrochen werden kann. Wenn die Widerständigen in der Gesellschaft sichtbar und hörbar werden, können sie Mitläufer auf ihre Seite ziehen.

Aber: Die Masse, die sich aufgrund von Bindungslosigkeit, Sinnlosigkeit und freischwebender Angst gebildet hat, hat auch ein unbewusstes, freischwebendes Potenzial an Aggression. Im Zustand der Massenhypnose verlieren die Beteiligten jede Empathie. Dissidenten werden diffamiert und zu Sündenböcken gemacht.

Unschwer kann diese Dynamik der Massenpsychose heute auf die Ungeimpften bezogen werden. Sie sind die unsolidarischen Egoisten, die aus der Gesellschaft ausgeschieden werden sollen, denn es handelt sich angeblich, wie Politiker nicht müde werden zu behaupten, um eine „Pandemie der Ungeimpften".

Zu dieser jeder faktischen Grundlage entbehrenden Haltung werden die Massen im Unisono-Chor der Staatsführer aufgehetzt, die die Impfgegner mit Schimpfworten öffentlich diskriminieren: Idioten (Tony Blair), Nazis (Karl Nehammer), Frauenhasser und Rassisten (Justin Trudeau), keine Bürger (Emmanuel Macron), Wirrköpfe (Boris Johnson). Leider stimmen auch Bischöfe in diesen Chor ein und vergessen, dass es ihre christliche Pflicht ist, diskriminierte Minderheiten zu schützen. Man versucht Impfgegner zum Schweigen zu bringen durch gruppenspezifischen Entzug von Grundrechten, durch Zensur, durch *de-platforming* im Internet, die Löschung des Internet-Accounts, durch Einfrieren von Spendenkonten (Trucker-Protest in Kanada), durch gerichtliche Verfolgung von Wortführern – aber die Rechnung geht nicht auf. Hunderttausende sind auf den Straßen, unvorhergesehene Bevölkerungsgruppen leisten unvorhergesehenen Widerstand wie die Lastwagenfahrer in Kanada, deren Aktion bereits in anderen Ländern aufgegriffen wird.

Desmet sagt etwas Überraschendes: Wenn es gelingt, die Opposition zum Schweigen zu bringen, *dann* wird sie verfolgt. Er plädiert dafür, die Stimme zu erheben, wo immer es möglich ist. Selbst die kleinste Aktion des Widerspruchs sei wichtig. Parallelstrukturen müssten aufgebaut werden, die ausharren, bis sich das System selbst zerstört.

Manipulation von Bildern

Die Manipulationsmöglichkeit des Massenbewusstseins durch Bilder kennt heute keine Grenzen mehr. Waren Bilder einmal ein Medium der Dokumentation von Ereignissen, so sind sie heute ein Mittel der Inszenierung von Personen oder Ereignissen gemäß einem strategischen Drehbuch. Bilder rufen stärkere Emotionen hervor als Texte und können weniger leicht von der Vernunft reflektiert werden. Sie unterlaufen das Radar der Ratio. Die Auswahl der Bilder kann eine Person gewinnend darstellen oder abstoßend, Ereignisse können sachlich vermittelt werden oder emotionsgeladen, Bilder können bewusst in einen falschen Kontext gestellt und falsch interpretiert werden, sie können montiert, verändert und gefälscht werden. Das alles ist das tägliche Handwerkszeug von Journalisten, die sich entscheiden müssen, ob sie einer propagandistischen Agenda dienen wollen oder nicht. Es sollen hier nur drei Bildsequenzen besprochen werden, die wesentlich dazu beigetragen haben, die weltweite Angstpsychose vor dem „Killervirus" auszulösen.

„Die Bilder von Bergamo!" Dabei handelt es sich um ein einziges Handy-Foto, das am 18. April 2020 von einem achtzehnjährigen Flugbegleiter von einem Balkon in Bergamo aufgenommen wurde und zur

Ikone der Rechtfertigung für die Lockdownpolitik der Regierungen wurde. Gleichzeitig erschienen Bilder von einer riesigen Halle, in der drei Reihen mit Särgen standen, auf denen jeweils eine rote Rose lag. Drohnenaufnahmen zeigten das Ausheben eines Massengrabs in New York. Der wahre Hintergrund dieser Bilder wurde in einer Sendung des Bayerischen Rundfunks vom 16. 10. 2021 aufgeklärt mit dem Titel Wie eine Foto-Legende entsteht.[22]

In den Lockdown-Monaten von 2020 prasselten ununterbrochen Fotos und Nachrichten von überfüllten Krankenhäusern und Massensterben auf die Fernsehzuschauer und Radiohörer nieder. Das Bild von Bergamo zeigt einen Militärkonvoi, der nachts durch ein Wohngebiet fährt, um, wie es schien, die Leichenmassen abzutransportieren, die der Killervirus erzeugt hatte. Aber was ging in Bergamo tatsächlich vor sich? Die Anzahl der Verstorbenen in Bergamo war damals nicht höher als bei den üblichen Grippewellen. Normalerweise wird die Hälfte der Toten auf dem Friedhof beerdigt und die andere Hälfte kremiert. Nun hatten die Behörden aber beschlossen, dass jeder Verstorbene, egal woran er

---

22 Julie Metzdorf, *Der Militärkonvoi aus Bergamo. Wie eine Fotolegende entsteht,* 26. 10. 2021. https://www.br.de/kultur/wieso-das-foto-des-militaerkonvois-in-bergamo-fuer-corona-steht-100.html

gestorben war, kremiert werden müsse. Die Krematorien von Bergamo reichten nicht aus, und so wurden Militärfahrzeuge eingesetzt, um die Leichen in umliegende Krematorien zu bringen. Um die Bevölkerung nicht übermäßig zu beunruhigen, fuhr dieser Konvoi bei Nacht durch ein Wohngebiet, was die Bedrohlichkeit des Fotos erhöhte.

Einige Tage später zeigte die Tagesschau ein Foto mit drei langen Reihen von Särgen in einer riesigen Halle. Auf jedem lag eine rote Rose. Wer denkt da nicht an den Verlust geliebter Menschen? Bloß, das Foto hatte nichts mit Corona zu tun. Es stammt aus dem Jahr 2013 und zeigt die aufgereihten Särge ertrunkener Bootsflüchtlinge auf Lampedusa in einem Flughafen-Hangar.

Dann wurden am Karfreitag 2020, dem 10. April, Fotos von einem Massenbegräbnis auf Hart Island in New York ausgestrahlt. Spiegel-Kommentar:

> „Auf der New Yorker Insel Hart Island sollen Menschen beerdigt werden, die an Covid-19 gestorben sind und keine Angehörigen haben. Allein im US-Bundesstaat New York gab es zuletzt mehr als 7000 Tote durch den Virus.“[23]

23 https://www.spiegel.de/panorama/gesellschaft/coronakrise-in-new-york-drohnenaufnahmen-zeigen-massengrab-auf-hart-island-a-40fee094-58b1-4eab-8925-9f82e0ff9c23

Bedrohlicher ging es nicht: Arbeiter in weißen Schutzanzügen schaufeln ein Massengrab aus, in dem bereits primitive Holzsärge dicht aneinandergereiht standen. Kein Abschied, nur Beseitigung. Jedes staatliche Mittel schien berechtigt, um die Bevölkerung *davor* zu schützen.

Verständlich, dass die Regierung für Ostern den totalen Lockdown verordnet hatte, die Ostergottesdienste verbot, ebenso jeden Verwandtenbesuch: Ostern allein zu Haus. Verständlich auch die Totalisolierung in Altenheimen: Kein Verwandter, kein Priester bekam Zugang, kein Abschied, keine Begräbnisfeiern waren erlaubt. Sterben in totaler Isolation.

Aber was zeigten diese Drohnenbilder wirklich? Es handelte sich um ein Massengrab, in dem schon immer Obdachlose und mittellose Menschen ohne Angehörige unter die Erde gebracht worden waren, jetzt auch die obdachlosen und mittellosen Corona-Toten.

Wer macht so etwas in den öffentlich-rechtlichen Sendern? Wer ordnet an, wer führt aus? Wie laufen die Befehlslinien und bis wohin reichen sie? Seit 2019 gibt es darauf eine Antwort: Die *Trusted News Initiative* (TNI), ein Zusammenschluss der größten Medienkonzerne der westlichen Welt, welcher sich zum Ziel gesetzt hat, die Verbreitung „schädlicher Impf-Desinformation zu bekämpfen".

Dazu gehören AP, AFP, BBC, CBC/Radio-Canada, European Broadcasting Union (EBU), Facebook, Financial Times, First Draft, Google/YouTube, The Hindu, Microsoft, Reuters, Reuters Institute for the Study of Journalism, Twitter und The Washington Post.[24]

Mit Ausschluss aus dem öffentlichen Diskurs bis hin zu existenziellen Konsequenzen wie Kündigung und gerichtlicher Verfolgung muss jeder rechnen, der dem globalen Narrativ widerspricht.

Die konkrete Umsetzung der Agenda der *Trusted News Initiative* beschreibt der ARD-Redakteur Ole Skambraks in einem Offenen Brief vom 5. Oktober 2021. Sein Brief beginnt mit den Worten: „Ich kann nicht mehr schweigen."[25] Mit präzisen Quellenangaben legt er dar, wie die öffentlich-rechtlichen Rundfunkanstalten Deutschlands zu Kollaborateuren

---

24 https://www.ebu.ch/news/2020/12/trusted-news-initiative-to-combat-spread-of-harmful-vaccine-disinformation

25 https://multipolar-magazin.de/artikel/ich-kann-nicht-mehr

der Staatsmacht geworden sind, obwohl sie doch zu „Multipolarität, Ausgewogenheit und Staatsferne“ verpflichtet sind, was die einzige Legitimation für die Zwangsfinanzierung durch jeden Bürger ist. Sie hämmern in die Köpfe und Emotionen: Ein Killervirus bedroht die Menschheit, das Gesundheitssystem wird zusammenbrechen, Impfung ist der einzige Ausweg, Impfgegner sind Schädlinge, die diffamiert, ausgeschlossen und bestraft werden müssen. Wie zu erwarten, wurde Ole Skambraks fristlos gekündigt.

Mit Ausschluss aus dem öffentlichen Diskurs, mit Shitstorms, Löschung des Accounts bis hin zu existenziellen Konsequenzen wie Kündigung und gerichtlicher Verfolgung muss jeder rechnen, der dem globalen Narrativ widerspricht. Davor schützt ihn keine noch so hohe Qualifikation und Position, kein noch so hohes öffentliches Ansehen.

Die digitalen Medien

Die Propagandamethoden der herkömmlichen Medien sind umfassend und in der Lage, das Massenbewusstsein so zu formen, wie es die Agenda-Setter des staatlich-medialen Komplexes haben wollen. (Dass ihre Rechnung trotz allem nicht aufgeht, wird weiter unten behandelt.) Dennoch erscheint der Unterschied zwischen den herkömmlichen Medien Radio, Fernsehen und Druckerpresse zur Wirksamkeit der digitalen Medien so groß wie der zwischen einem Ozeandampfer und einem Flugzeug. Die digitalen Medien verändern nicht nur das Bewusstsein und das Verhalten, sie verändern den Menschen selbst und damit die Zukunft der Menschheit. Freiheit und Wahrheit verblassen als Ideale einer vergangenen geschichtlichen Epoche. Die Person wird zum manipulierten und gelenkten „User" in der Hand einiger weniger Privatpersonen, den Herren über *Big Tech*. Facebook wurde im vierten Quartal 2021 monatlich von 2,91 Milliarden Menschen genutzt. Facebook und WhatsApp und Instagram gehören Mark Zuckerberg.

In dem Dokumentarfilm *Das Dilemma mit den sozialen Medien* (Originaltitel *The Social Dilemma*) legen Insider der Internetgiganten, die selbst Schlüsselfunktionen bei der Entwicklung der Methoden hatten, dar, wie die sozialen Medien arbeiten und welche Wirkung sie haben. Tristan Harris, der den Anstoß für *The Social Dilemma* gab, wird als das Gewissen der Tech Industry bezeichnet. Er war bei Google im Gmail-Team und stellte fest, dass er selbst süchtig nach E-Mails geworden war. In einer firmeninternen Präsentation wies er darauf hin, dass die neuen *Tools* süchtig machen, eine polarisierte Welt schaffen, sie mit *Fake News* überschwemmen und es ermöglichen, Wahlen zu beeinflussen. Das Informationszeitalter werde zu einem Des-Informationszeitalter. Es könne nicht sein, so meinte er, dass fünfzig Designer im Silicon Valley gezielt Einfluss auf zwei Milliarden Menschen nehmen. Reaktion gleich null.

Tristan Harris und hochrangige Insider, deren Aussagen in der Doku im Folgenden zitiert werden, legen dar: Man kann wunderbare Dinge mit den digitalen Werkzeugen tun, aber sie haben eine dunkle Seite, welche die Demokratie, ja die Zivilisation zerstören.

Der benutzte Benutzer

Ist es nicht wunderbar, mit einem Internetanschluss scheinbar kostenlos mit der ganzen Welt kommunizieren zu können, unmittelbar Zugriff auf das Informationsgedächtnis der Welt zu haben, jede Lücke im Tagesablauf mit Unterhaltung, Spielen, Filmen, YouTube-Videos und pausenlosem Austausch von Bildern und Informationshäppchen mit „Freunden“ zu füllen? Aber es gibt ein Problem, das mit dem Satz ausgedrückt wird: „Wenn du für ein Produkt nichts bezahlst, bist du selbst das Produkt.“ Du bist umso mehr wert, je länger der Anbieter deine

Aufmerksamkeit an den Bildschirm fesseln kann. Big Tech ging es zunächst um drei Ziele:

1. Den User so lange am Bildschirm zu halten wie möglich
2. Die Plattform ständig zu vergrößern
3. Größtmöglichen Gewinn zu erzielen

Mehr Bildschirmzeit des Users bedeutet mehr Werbeeinnahmen; mehr Gewinn bedeutet mehr Wachstum.

Die sozialen Medien greifen tiefer und tiefer ins Stammhirn des Menschen ein und implantieren unbewusste Gewohnheiten.

Wie wird der User zum Produkt? Indem seine Daten gespeichert und mit Hilfe hochkomplexer Algorithmen zu einem detaillierten Profil verarbeitet werden, welches Werbekunden ermöglicht, die Werbung für ihre Produkte präzise zu personalisieren hinsichtlich Konsumgewohnheiten, Vorlieben, Abneigungen, politischen Einstellungen, Bildungsgrad, sozio-ökonomischem Status, Wohnort, Gruppenzugehörigkeit etc.

Shoshana Zuboff von der Harvard Business School, Autorin des Buches *The Age of Surveillance Capitalism*, sagt: Ein neuer Marktplatz wurde geschaffen, den es vorher nie gegeben hat, „markets trade with human features“, es wird Handel mit den Merkmalen der Menschen getrieben.

> „Die Firmen wissen alles über deine Vorlieben, was du abends tust, welche Fotos du anschaust [mehr als die Hälfte der Weltbevölkerung sieht Pornografie, Anm. der Autorin], ob du introvertiert oder extravertiert bist, welche Neurosen du hast, welche Persönlichkeit.“

Jede Aktion im Internet, jedes *like*, die Verweildauer auf einer Seite oder einer Werbung wird aufgezeichnet und gespeichert. Sandy Parakilas, ehemaliger Operation Manager bei Facebook und heute Chief Strategy Officer im *Center for Humane Technology*, präzisiert: „Facebook verkauft die Daten nicht. Sie bauen Modelle, die unsere Handlungen voraussagen.“ Nicht der Computer, sondern die Psychologie wird *gehackt*. „Die sozialen Medien greifen tiefer und tiefer ins Stammhirn des Menschen ein und implantieren unbewusste Gewohnheiten“, sagt Tristan Harris, der die Methoden mitentwickelt hat, mit denen das möglich ist.

Eine der wichtigsten Ausbildungsstätten für die Kunst der Massenmanipulation durch digitale Medien ist das *Stanford Lab For Persuasive Technology,* später umbenannt in *Stanford Behavior Design Lab – Models and Methods for Behavior Change.* Dort wird gelehrt, wie man das, „was wir über die menschliche Wahrnehmung und Motivation und Überzeugung wissen, in die Technologie einbauen kann, um zu einem Genie der Verhaltensänderung zu werden".

Facebook führt ständig und unbemerkt Experimente mit den Usern durch, die, ohne es zu wissen, zu Laborratten für Experimente mit der menschlichen Wahrnehmung und Psychologie gemacht werden. „Massive scale contagion experiments" werden durchgeführt. *Contagion* heißt Ansteckung. Werden im *Behavior Design Lab* ansteckende „Viren" entwickelt, die das Massenverhalten verändern?

Wenn die Technologie zur Verfügung steht, das *Verhalten* von Milliarden Menschen zu verändern, dann erhebt sich die für die gesamte Menschheit entscheidende Frage: Wer will wen zu welchen Verhaltensänderungen bringen? Das *Behavior Design Lab* gibt eine Antwort, die jedem gefällt: „Wir wollen helfen, dass die Menschen glücklicher und gesünder werden."[26] Aber was macht Menschen „glücklich" und

---

26 https://behaviordesign.stanford.edu

was macht sie „gesünder"? Welche Kunden bezahlen für welche Verhaltensveränderungen? „Wir wollen positiven Wandel herbeiführen und den Menschen helfen, mit dem, was sie bereits tun wollen, Erfolg zu haben und sich erfolgreich zu fühlen", sagt das *Behavior Design Lab*. Also definieren die Kunden die Ziele und die Zielgruppe, und das *Behavior Design Lab* (und alle, die dort ausgebildet werden) stellen ihre Zauberkünste zur Verfügung. Das nennt sich angewandte Wissenschaft.

Polarisierung und Fake-News

Behavior Design arbeiten mit den Schwächen der Menschen. Big Tech geht den Weg des geringsten Widerstandes.

- Jeder möchte von seinem sozialen Umfeld akzeptiert sein, denn Außenseiter zu sein oder gar ausgeschlossen zu werden, wird als existenzielle Bedrohung erfahren.
- Jeder möchte in seinem Selbstwertgefühl und seiner Identität bestätigt werden.

Diese Grundinstinkte des Menschen werden von den sozialen Medien befriedigt.

Sie stellen die Wirklichkeit so dar, wie sie der User gerne hätte, sodass er meint: Alle denken so wie ich. Der Mensch wird, ohne dass er es merkt, in einer Blase gehalten, die er für die Wirklichkeit hält. Auf diese Weise können die User, besser die Benutzten, glauben gemacht werden, die Erde sei flach – wie der Basketball-Superstar Kyrie Irving und Tausende seiner Follower. Fake News verbreiten sich im Netz sechsmal schneller, weil sie einen sensationellen Inhalt haben, der Handlungsmotivation auslöst. Die sozialen Medien sind Megalautsprecher für Gerüchte. Warum? Weil es den Betreibern Geld bringt, sehr sehr viel Geld.

Dadurch entsteht eine polarisierte Welt. Der Benutzte kommt nicht mehr mit anderen Sichtweisen in Berührung und reagiert je nach dem Maß seiner Identifizierung mit einer bestimmten Weltsicht aggressiv, wenn diese in Frage gestellt wird. Es gibt für eine Gesellschaft keine gemeinsame Sicht der Wirklichkeit mehr. Stattdessen gibt es, um irgendwie noch den sozialen Frieden zu halten, „deine Wahrheit" und „meine Wahrheit". „Wenn wir nicht mehr übereinstimmen können, was Wahrheit ist, und ob es überhaupt Wahrheit gibt, dann sind wir verloren", sagt Jaron Lanier.

Das ist der technische Vollzug des Relativismus in der Wahrnehmung und Psyche des Menschen. Was sind die gesellschaftlichen Auswirkungen? Zum Beispiel diese: Ein Mann sagt, er sei eine Frau. Die Welt muss „seine Wahrheit“ akzeptieren, ihn als Frau ansprechen, ihn als Frau in sportlichen Wettkämpfen antreten lassen, ihn gegebenenfalls im Gefängnis bei den Frauen unterbringen ... Wer es nicht tut, diskriminiert die Transfrau und kann gesetzlich verfolgt werden.

Die aus den medialen Versatzstücken zusammengebastelte Identität braucht ununterbrochene Bestätigung, damit sie nicht in sich zusammenfällt wie ein Luftballon, in den ein Loch gestochen wurde. Chanath Palihapitiya, ehemaliger CEO für Wachstum bei Facebook hat daran mitgewirkt, aber schließlich erkannt, was er tut:

> „Wir arrangieren unser Leben rund um eine vorgestellte Perfektion, weil wir kurzfristig belohnt werden mit Herzen, Likes, Daumen hoch. Wir verbinden das mit Werten und mit Wahrheit. Aber es ist eine *Fake Popularity*, eine falsche Beliebtheit, die dich noch leerer macht als du vorher warst. Dann entsteht der Teufelskreis der Sucht: Ich brauche das nochmal. Das machen zwei Milliarden Menschen. Es ist wirklich sehr sehr schlimm.“

Guillaume Chaslot hat für YouTube Algorithmen entwickelt, die Nutzern Videos empfehlen. Ihm fiel auf: Das System bevorzugt polarisierende Inhalte, um die User so lange wie möglich am Bildschirm zu halten.

So entsteht eine Symbiose zwischen dem *Content Creator*, demjenigen, der eigene Inhalte auf YouTube oder Facebook verbreitet, und der Plattform. Je mehr Followers oder Abos jemand hat, desto relevanter ist sein Content, desto mehr Reichweite hat die Werbung, desto höher die Einnahmen für den Content-Lieferanten und für die Plattform.

Die Plattform entscheidet, was zum Trend gemacht und was unten gehalten werden soll. Das geschieht durch

- *Likes*, die Konformitätsdruck erzeugen. Beispiel: So viele meiner Facebook-Freunde lassen sich impfen, also muss ich das auch tun.
- *Nachrichten- und Bildselektion.* Facebook entscheidet über deinen *news feed,* also darüber, welche Nachrichten du bekommst und welche nicht, wie also die Welt aussieht, die du für real hältst.
- *Sichtbar machen, dass jemand im Begriff ist zu schreiben.* Das hält den User länger am Bildschirm.

- *Nudging*: Kontinuierliche, kleine, unmerkliche Anstöße bringen den User zu einer bestimmten Kauf- oder Wahlentscheidung.
- *Ranking* der Suchmaschinen. Was auf der ersten Seite steht, hat mehr Einfluss auf die Kaufentscheidung und Meinungsbildung als das, was auf der zweiten Seite steht.
- *Troll-armies*, die gezielt Falschinformationen verbreiten.
- *Bots*, die Nachrichten automatisch duplizieren, sodass um eine Person oder ein Ereignis ein Hype entsteht.

... und vieles mehr, von dem die Benutzten keine Ahnung haben.

Guillaume Chaslot, der es wissen muss, sagt:

> „Wir haben ein System erfunden, das dazu neigt, falsche Informationen zu verbreiten. Nicht weil wir das wollen, sondern weil es mehr Geld bringt. Es ist ein Desinformations-Profitmodell. Die Wahrheit ist langweilig."

Der Kampf um die Aufmerksamkeit des Benutzten ist dann gewonnen, wenn er süchtig geworden ist. Das ist für jeden eine Gefahr, unabhängig vom Alter. Die Jugendlichen sind allerdings am stärksten gefährdet, seit sich das Smartphone bei 95 % der

12-13-Jährigen in der Hosentasche befindet. Sie verbringen täglich viele Stunden mit Gaming und in den sozialen Medien.[27] Jonathan Haidt, laut Wikipedia einer der fünfzig einflussreichsten lebenden Psychologen, beunruhigt das.

Selbstverletzungen von vorpubertären Mädchen haben seit 2011 um 189 % zugenommen. Selbstmorde sind bei Mädchen zwischen 15 und 19 Jahren zwischen 2009 und 2017 um 70 % angestiegen.

Die verheerenden Auswirkungen von zwei Jahren Corona-Lockdown, Masken- und Testzwang und Social Distancing sind dabei noch nicht berücksichtigt. Studien zeigen, dass mehr als die Hälfte der Jugendlichen unter Depressionen leidet und die kinderpsychiatrischen Krankenhäuser so überfüllt sind, dass sie nur noch akut Selbstmordgefährdete aufnehmen können. Prof. Haidt ist besorgt:

> „Eine ganze Generation hat mehr Angst, ist zerbrechlicher und depressiver geworden und ist viel weniger bereit, Risiken einzugehen. Die Zahl derer, die überhaupt noch zu einem Date gehen oder eine romantische Interaktion haben, sinkt rasant. Hinter jeder Hospitalisierung steht eine traumatisierte Familie."

---

27 Vgl. Gabriele Kuby, *Die verlassene Generation,* Fe-medien Verlag, Kisslegg 2020, Kapitel 10: „Von der Person zum User".

Tim Kendall, ehemaliger Facebook Executive, und mehrere seiner Kollegen bekennen, dass sie selbst von der Technik abhängig wurden, die sie entwickelt hatten. Er sagt:

> „Es ist sonnenklar: Die sozialen Medien bringen Leute um und treiben sie dazu, sich selbst umzubringen. Eine ganze Generation ist verändert worden."

Google betreibt die Verfälschung der Wirklichkeit u. a. mit seiner Suchmaschine. In Bruchteilen von Sekunden scheint das Wissen der ganzen Welt abrufbar zu sein. Aber auch Google ist ein Blasenfabrikant, der die Ergebnisse der Suche auf das Profil der Person zuschneidet, die nach Informationen sucht. Gibt man z. B. „Klimawandel" ein, bekommt man unterschiedliche Ergebnisse je nach Wohnort, Einstellungen und Merkmalen des Users.

Jaron Lanier, der als Genie unter den Informatikern gilt, ist zugleich einer der schärfsten Kritiker der digitalisierten Welt Er nennt die Folgen beim Namen:

> „Massenchaos, Empörung, Respektlosigkeit, Vertrauensverlust, Einsamkeit, Entfremdung, Polarisierung, Election Hacking, Populismus, Ablenkung und Unfähigkeit, sich mit den wirklichen Problemen zu befassen – das ist die Gesellschaft,

> und jetzt ist die Gesellschaft unfähig, sich selbst zu heilen. Das Wesen der Kommunikation, das Wesen der Kultur ist Manipulation geworden. Wir stellen Täuschung und Heimtücke ins Zentrum unseres gesamten Handelns."

Wie konnte das gelingen? Der Nutzer freut sich an all den fantastischen Möglichkeiten der sozialen Medien, er merkt nicht, dass er der Benutzte ist, sich selbst entfremdet und in die Sucht und Depression getrieben wird. Wie kann man aus der Matrix erwachen, wenn man nicht weiß, dass man in der Matrix steckt? Die Nutzung der Technologie wird nicht als existenzielle Bedrohung empfunden. Der einsame Nutzer, dem das Handy zum Lebenspartner geworden ist, meint, seinen eigenen Neigungen zu folgen, wenn er viele Stunden täglich mit gesenktem Kopf auf den kleinen Bildschirm starrt und dabei seine Augen ruiniert. Er weiß nicht, dass er mit einem Supergehirn kommuniziert, das Macht über seine Neigungen, seine Ansichten, seine Koordinaten für Gut und Böse, seine menschlichen Beziehungen, seine Psyche, seine Leistungsfähigkeit, seine Interessen, seinen Schlaf, seine Gesundheit ausübt. Er weiß nicht, dass er sein Selbst an Big Tech verloren hat.

Das alles geschieht mit der im Kapitalismus gewissermaßen „unschuldigen" Motivation, Geld und immer noch mehr Geld zu verdienen. Amazon hat seinen Gewinn 2021 verdoppelt. Die Pharmaindustrie, genauer die Produzenten von Impfstoffen, haben über Nacht Milliardengewinne gemacht. Die beiden Google-Gründer Larry Page und Sergey Brin gehören seit 2021 zum 100-Milliarden-Dollar-Club. Was aber, wenn die neuen Herren der Welt, die über Privatvermögen in der Größe von Staatshaushalten verfügen, eine eigene Agenda haben, wie die Welt aussehen soll?

Sie können mit ihren Tools Grassroots-Bewegungen entfachen, ein Land destabilisieren und Aufstände und Kulturkämpfe inszenieren, je nachdem, welche der Konfliktparteien mehr Geld bietet. Sie können Wahlen entscheiden. Wenn alle Tools nicht den gewünschten Erfolg bringen, bleibt den Privatbesitzern von Medien, die die halbe Weltbevölkerung nutzt, immer noch die Möglichkeit, einen Account zu löschen, der ihre Agenda stört. Wenn Twitter sogar den Account des amerikanischen Präsidenten Trump mit 80 Millionen Abonnenten dauerhaft sperren konnte, dann ist klar, wer auf dieser Welt das Sagen hat.[28]

28 Ob Tesla-Chef Elon Musk mit dem Kauf von Twitter Ende April 2022 die „freie Meinungsäußerung als Fundament der Demokratie“ stärken wird, bleibt abzuwarten.

Offenkundig ist, dass die Internetriesen, die UN und EU, die Milliarden-Stiftungen der Rockefellers, Rothschilds und Soros, die Medienkonzerne, die Universitäten, die Unterhaltungsindustrie und die meisten Regierungen alle an einem Strang ziehen: Die Bevölkerung muss reduziert werden, Abtreibung ist ein Menschenrecht, die Familie muss durch die LGBTIQ-Agenda zerstört werden, die Auflösung nationaler Identität durch Migration ist ein humanitäres Anliegen, die Klimarettung eine Frage des Überlebens der Menschheit, Männer sind Täter und Frauen sind Opfer, rechts ist böse und links ist gut. Und – vor allem: Das Bollwerk Katholische Kirche muss geschleift werden, der Glaube an Jesus Christus, das Fundament der westlichen Kultur, muss verschwinden.

Klaus Schwab und das World Economic Forum

Eine der wichtigsten Brutstätten der globalen Agenda der Herren der Welt ist das World Economic Forum (WEF) in Davos, zu dessen Gesicht Klaus Schwab erkoren wurde. Er gehört außerdem zum Lenkungsausschuss der Bilderberg-Konferenz. Im Aufsichtsrat des WEF sitzen Larry Fink, dessen Firma BlackRock neun Billionen Dollar ($ 9.000.000.000.000) verwaltet und Kristalina Georgiewa, die Chefin des Internationalen Währungsfonds (IWF).

2004 gründete Klaus Schwab *The Forum of Young Global Leaders*, die Kaderschmiede des WEF. Zu den 1.300 Mitgliedern dieses Netzwerkes gehören Staats- und Regierungs-Chefs, CEOs der weltgrößten Konzerne, Mitglieder von Königshäusern und Multimilliardäre – Menschen, die auf Grund ihrer Stellung, ihres Besitzes oder ihrer Funktion zur Machtelite der Welt gehören oder darauf vorbereitet werden, in hohen Positionen mit dieser Elite zu kooperieren. Zu denen, die das heute fünfjährige Training durchlaufen haben, gehören: Bill Gates, Weltbankchef Larry Summer, Angela Merkel, Nicolas Sarkozy, Tony Blair, Viktor Orbán, Jean-Claude Juncker, Jeff Bezos, Emmanuel Macron, Cem Özdemir, Jens Spahn und Annalena Baerbock, um nur einige Namen zu nennen.[29]

Vor dem Hintergrund der vollständig unkontrollierten Macht von Big Tech in den Händen privater Milliardäre und der Vernetzung der Machteliten u. a. im World Economic Forum scheint es eine nicht unwichtige Funktion von Wahlen, Parlamenten

29 https://deutsche-wirtschafts-nachrichten.de/513721/Deutschlands-Eliten-erhalten-Ausbildung-beim-WEF-Die-Kaderschmiede-des-Klaus-Schwab

und Regierungen zu sein, die Illusion der Demokratie aufrechtzuerhalten. Gewiss möchte keiner der Kritiker der westlichen Demokratie lieber in China oder Saudi-Arabien leben als in den USA oder in Deutschland, aber dies enthebt sie nicht der Sorge, dass die liberale Demokratie, die mit so hohen Idealen angetreten ist, zunehmend ihre Liberalität verliert und die bürgerliche Freiheit, die sie einmal verheißen hat, nicht aufrechtzuerhalten vermag.

„Die Möglichkeiten für Veränderungen und die daraus resultierende neue Ordnung sind jetzt unbegrenzt und nur durch unsere Vorstellungskraft beschränkt, im Guten wie im Schlechten."

Klaus Schwab

Seit Ausrufung der COVID-Pandemie Anfang 2020 bereitet Klaus Schwab die Menschheit auf den *Great Reset* vor. Sein Buch *COVID-19: Der Große Umbruch*[30]

30 Klaus Schwab, *COVID-19: Der Große Umbruch,* Forum Publishing 2020

ist das, was Jacques Ellul „Subpropaganda“ nennt, nämlich die Erschaffung eines Mythos, der dann die eigentliche Propaganda erst ermöglicht. Der Boden wird umgebrochen, damit ausgesät werden kann.

In wessen Gehirn hat sich das Wort vom Großen Reset nicht eingegraben? „Reset“ stammt aus der Computersprache: Ein elektronisches System, das nicht mehr funktioniert, wird in den Anfangszustand versetzt und dann neu aufgestellt. Unsere Gesellschaft, insbesondere unser marktwirtschaftliches Wirtschaftssystem, muss auf null gebracht werden, um dann völlig neue Strukturen zu etablieren. So hört sich die aktuelle Subpropaganda an:

> „Die Menschen spüren, dass die Zeit für einen Paradigmenwechsel gekommen ist. Eine neue Welt wird entstehen, deren Umrisse *wir ersinnen* und skizzieren müssen ... Viele von uns fragen sich, wann sich die Dinge wieder normalisieren werden. Die kurze Antwort lautet: niemals. Nichts wird jemals wieder so sein wie zuvor. Die Normalität in dem Sinne, wie wir sie kannten, ist zu Bruch gegangen und die Coronavirus-Pandemie stellt einen grundlegenden Wendepunkt auf *unserem globalen Kurs* dar (S. 12). Die Möglichkeiten für Veränderungen und die daraus resultierende neue Ordnung sind jetzt unbegrenzt und nur durch unsere Vorstellungskraft beschränkt,

> im Guten wie im Schlechten. (S. 20) Die Pandemie stellt ein seltenes, aber enges Zeitfenster zum Umdenken, Neuerfinden und Neustarten unserer Welt dar." (S. 291f., Hervorh. von der Autorin)

Sucht man nach den Umrissen der Architektur dieser neuen Welt, so findet man Gefälliges:

> Ein Kurswechsel ist nötig, „um dem Wohlergehen aller Bürger unseres Planeten mehr Aufmerksamkeit und Priorität einzuräumen." (S. 65) „Es geht darum, die Welt weniger gespalten, weniger verschmutzt, weniger zerstörerisch, integrativer, gerechter und fairer zu machen." (S. 293) „Wenn die Volkswirtschaften wieder in Schwung kommen, besteht die Chance, eine größere gesellschaftliche Gleichheit und Nachhaltigkeit in den Aufschwung zu integrieren und dadurch die Fortschritte auf dem Weg zu den nachhaltigen Entwicklungszielen bis 2030 eher zu beschleunigen als zu verzögern, und eine neue Ära des Wohlstandes einzuläuten." (S. 298)

Hätten da nicht ein paar Fledermäuse auf dem Fischmarkt in Wuhan das SARS-CoV-2-Virus aus dem benachbarten Labor auf den Menschen übertragen, man hätte es erfinden müssen. (Dass es möglicherweise „erfunden" wurde, legt das Buch

Chronik einer angekündigten Krise von Paul Schreyer nahe.) Durch die propagandistische Erzeugung einer Angsthysterie wurde es möglich, Grundrechte aufzuheben, einen der Willkür von Politikern ausgelieferten Verordnungsstaat einzuführen, die Wirtschaft schwer zu schädigen, das Bildungssystem lahmzulegen, die Menschen zum Maskentragen und Social Distancing zu zwingen. Die Stunde von Big Tech hatte geschlagen, was sich in der Verdoppelung ihrer astronomischen Gewinne widerspiegelt.

Klaus Schwab weiß, dass Big Tech den Großen Reset ermöglicht.

> „Die meisten Menschen, die sich vor Covid-19 fürchten, werden sich fragen: ist es nicht töricht, die Macht der Technologie für unsere Rettung nicht zu nutzen, wenn wir Opfer eines Pandemie-Ausbruchs sind und einer *Situation auf Leben oder Tod* [Hervorh. von der Autorin] gegenüberstehen. Sie sind dann bereit, auf viel Privatsphäre zu verzichten und stimmen zu, dass unter solchen Umständen die öffentliche Macht die Rechte des Einzelnen zu Recht außer Kraft setzen kann." (S. 196 f.)

Und dabei wird es bleiben in der Neuen Weltordnung von Klaus Schwab und dem WEF. Das „Social und Physical Distancing" wird bleiben und so wird sich

„die Abhängigkeit von digitalen Plattformen für Kommunikation, Arbeit, Beratung oder Bestellungen nach und nach gegenüber früheren Gewohnheiten durchsetzen". (S. 181) Die „quasi-globale Lockerung von Vorschriften, die zuvor den Fortschritt in Bereichen behindert hatten, in denen die Technologie bereits seit Jahren verfügbar war ... diese neuen Rechtsvorschriften werden bleiben ... Das bedeutet, dass es keine Tabus mehr gibt" (S. 182).

Es wird keine Tabus mehr geben beim „unerbittlichen Vormarsch der Automatisierung" (S. 183); beim Tracking und Tracing in Echtzeit (S. 187f.); bei der Überwachung der Belegschaft per App und Wärmebildkamera.

„Die Coronakrise ist eine der am wenigsten tödlichen Pandemien ist, die die Welt in den letzten 2000 Jahren erlebt hat."

Klaus Schwab

Das alles macht die „unterschwellige und möglicherweise anhaltende Furcht davor, mit einem Virus

(Covid-19 *oder einem anderen* [Hervorh. von der Autorin]) infiziert zu werden, möglich." (S. 183) Obwohl Klaus Schwab den Mythos vom globalen Killervirus bedient, überrascht er am Schluss des Buches mit der Feststellung, dass

> „die Coronakrise eine der am wenigsten tödlichen Pandemien ist, die die Welt in den letzten 2000 Jahren erlebt hat ... Ende Juni 2020 hat das Coronavirus bisher den Tod von weniger als 0,006 % der Weltbevölkerung gefordert." (S. 296)

Erinnert sei, dass die amtlichen Meldungen über Coronatote nicht zwischen „an" oder „mit" Corona Verstorbenen unterschieden und Krankenhäuser für die Meldung von Coronafällen einen Bonus erhielten.

Noch einen weiteren Widerspruch gibt es: Die „vollständige Rückkehr zur ‚Normalität'" sei nicht vorstellbar, bevor es einen Impfstoff gebe, und damit sei erst im ersten Quartal von 2021 zu rechnen. (S. 54) Das Licht der Hoffnung auf die Impfung sollte nicht ausgeblasen werden, obwohl bereits klargestellt wurde: „Nichts wird jemals wieder so sein wie zuvor."

Bei seiner Eröffnungsrede auf dem Davos Summit 2022 trat Schwab als Lobredner des chinesischen

Präsidenten Xi Jinping auf, der per Video am Summit teilnahm.[31]

Schwab bewunderte, dass es China gelungen sei, das historische Ziel zu erreichen, „*in jeder Hinsicht* [Hervorh. von der Autorin] eine prosperierende Gesellschaft zu werden“ und sogar in den ersten drei Quartalen von 2021 Wirtschaftswachstum zu erzielen. China habe dazu beigetragen, das globale Ziel zu erreichen, eine „inklusivere und nachhaltigere Welt“ zu schaffen.

Klaus Schwab stört sich nicht am Genozid an den Uyghur-Muslimen, nicht an der brutalen Ein-Kind-Politik (später zwei, heute drei Kinder, dann Zwangsabtreibung) zur Reduktion der Bevölkerung, nicht an der Verfolgung der Christen, nicht am lückenlosen digitalen Überwachungsstaat, der mit dem Social Credit-System die Volksgenossen auf die staatliche Linie zwingt. Man vernimmt im April 2022 keinen Protest gegen den wochenlangen Total-Lockdown der 23 Millionen Stadt-Shanghai, der die Menschen dem Hunger auslieferte und sie in den Selbstmord trieb.[32]

---

31 https://www.lifesitenews.com/news/klaus-schwab-heaps-praise-on-chinas-communist-leader-xi-jinping-during-opening-speech-at-davos-summit/

32 Interview von John-Henry Westen mit China-Kenner Steven Mosher über den Lockdown in Shanghai;

China ist das Modell für die neue Mesalliance zwischen Kommunismus und Kapitalismus: die Konzentration unermesslichen Reichtums bei wenigen und die digitale Totalkontrolle der Massen, die den neuen Göttern gefährlich werden könnten. Es ist ein erstaunliches Phänomen, dass jene einst eingeschworenen Feinde des Kapitalismus auf Seiten der Linken und Grünen, nun plötzlich zu den Schleppenträgern dieser unheiligen, freiheitszerstörenden Allianz geworden sind.

Verschwörung?

Wer immer es wagt zu vermuten, nachzuforschen oder gar Argumente und Fakten auf den Tisch zu legen, dass die Herren, die über Privatvermögen verfügen, die größer sind als Staatshaushalte, die mittels der sozialen Medien das Bewusstsein und Verhalten von Milliarden Menschen beeinflussen können und die Macht haben, dem amerikanischen Präsidenten den Twitter-Account abzuschalten, dass diese Privatpersonen möglicherweise politische Ziele haben, die nicht im wohlverstandenen Interesse derer sind, die mühsam ihre Existenz bestreiten, dem schallt sofort

---

https://www.lifesitenews.com/episodes/the-most-likely-reason-for-the-lockdowns-in-shanghai-has-nothing-to-do-with-covid/?utm_source=JHW_newsletter

entgegen „Verschwörungstheorie!“, womit er zuverlässig mundtot gemacht wird. Mit seinen Argumenten braucht man sich nicht mehr auseinanderzusetzen. Er ist im Handumdrehen eine Unperson geworden. Und weil niemand zur Unperson werden will, wird diese zielsichere Stigmatisierung bedauerlicherweise auch in konservativen und christlichen Kreisen gebraucht und verhindert so die Wahrnehmung und das Nachdenken über drohende totalitäre Entwicklungen unserer Zeit.

Verschwörungen scheinen etwas ganz Normales zu sein, wenn es um Macht geht, so lernte man jedenfalls im Lateinunterricht („Auch du Brutus?“), bei Shakespeare oder im Geschichtsunterricht über das Dritte Reich. (Wie froh sind wir, dass es beispielsweise den Kreisauer Kreis gab!) Verschwörungen können, je nach – wechselnder – Deutungshoheit über die Geschichte, als gut oder böse eingestuft werden. Dass es sie aber gibt, nämlich „die geheime Zusammenarbeit mehrerer Personen zum Nachteil Dritter“ (Wikipedia), daran kann kein Zweifel bestehen. Dies zu leugnen bedeutet, die Realität zu verleugnen.

Die Ächtung des Begriffs scheint eine gelungene Propagandastrategie die CIA gewesen zu sein. Es ging um das Kennedy-Attentat vom 22. November 1963, welches die Welt erschütterte. War es die Tat eines Einzelnen, des Lee Harvey Oswald, wie der

Warren-Bericht behauptete, oder ein Staatsstreich? Es gab viele Ungereimtheiten, die bei einem Großteil der amerikanischen Bevölkerung Zweifel an der Alleintäterschaftstheorie aufkommen ließen. Dem begegnete die CIA mit der Einführung des Begriffs „Verschwörungstheorie". Der Warren-Report sollte hochgelobt und die Zweifler als „Verschwörungstheoretiker" kommunistischer Provenienz diffamiert werden.[33] Heute wird dieselbe Keule gegen Rechtskonservative verwendet. Wer das vorherrschende Narrativ in Frage stellt, wird ausgesondert.

Ist es wirklich so unwahrscheinlich, dass die Überhundert-Milliarden-Milliardäre Interessen haben, die sie gemeinsam und strategisch durchsetzen, nicht unbedingt hinausposaunen und die Dritten schaden? Möchten sie nicht auf jeden Fall ihre Macht erhalten und ausweiten? Bill Gates will die Weltbevölkerung reduzieren und fördert seit Jahrzehnten weltweit die Abtreibung, ebenso das Rockefeller-Imperium. Ist die Zusammenarbeit der WHO mit China eine Fantasie von Donald Trump? Ist die weltweite Förderung der LGBTIQ-Agenda durch George Soros und Genossen eine Theorie? Sind die

---

33 Vgl. Mathias Bröckers, *JFK und die Erfindung des Kampfbegriffs „Verschwörungstheorie"*. https://www.westendverlag.de/kommentare/jfk-und-die-erfindung-des-kampfbegriffs-verschwoerungstheorie/

Strategien und Methoden, mit denen diese Ziele verfolgt werden, der Öffentlichkeit bekannt? Lassen sich die COVID-Maßnahmen und das Festhalten an der Notwendigkeit der fortgesetzten Massenimpfung noch irgendwie mit Vernunft begründen?

Es wäre ein großer Gewinn, zu dem jeder Einzelne beitragen kann, wenn wir uns in guter aufklärerischer Tradition der Totschlagbegriffe enthalten und uns den Anforderungen rationaler Diskussion stellen würden. Es darf gefragt, es darf hinterfragt, es darf argumentiert werden. Darauf war man in Europa einstmals stolz.

Leben im Zeitalter der Massenmanipulation

Die Grenzen der Propaganda

Demokratie ist ein wackeliges Gebilde. Sie ist der tragende Mythos des Individualismus, der dem Einzelnen Freiheit und Einfluss auf die komplexen gesellschaftlichen und staatlichen Strukturen verheißt, in denen er lebt. Wir haben gesehen, dass die Machteliten sich der hoch entwickelten Methoden der Propaganda bedienen müssen, um den demokratischen Schein aufrechtzuerhalten. Aber obwohl diese Methoden bis ins Stammhirn des Menschen hineinreichen und ihn lenken und konditionieren können, stößt Propaganda dennoch auf Grenzen.

Ein Teil der Bevölkerung verweigert sich dem propagandistischen Narrativ.

1. Die Grundrechte der Meinungsfreiheit, Religionsfreiheit und Versammlungsfreiheit können von oppositionellen Gruppen in Anspruch genommen werden.
2. Es gibt Menschen, die auf einem festen psychologischen und geistigen Fundament stehen, das resistent gegen Propaganda ist.

Wir sehen, dass die demokratischen Freiheiten, deren Abwesenheit in autoritär oder totalitär regierten Staaten von westlichen Staatsführern gerne angeprangert wird, in den westlichen Demokratien immer mehr eingeschränkt werden. Die Demokratie und mit ihr das Rechtssystem sind einäugig geworden: Freiheit genießt, wer mit der herrschenden Ideologie konform geht, die sich unter den Bedingungen der sexuellen Revolution von christlichen Maßstäben abgewandt hat. Wo Propaganda nicht genügt, um Widerspruch auszuschalten, werden Gesetze gemacht, die Widerspruch als „Volksverhetzung" oder „Diskriminierung" unter Strafe stellen und inmitten der Coronahysterie das Grundrecht auf körperliche Unversehrtheit durch gesetzlichen Impfzwang aufheben.

Im Zeitalter des Internets und der Sozialen Medien sind zwar die Manipulationsmöglichkeiten schier grenzenlos, aber nie gab es vorher für jedermann und jedefrau die Möglichkeit, die eigene Meinung in die Welt hinauszurufen. Dass die Kontrolle in der Hand der Privatbesitzer der globalen Plattformen liegt, hat uns die *Cancel Culture* beschert, die zeigt, dass die neuen Herren der Welt keineswegs neutral sind, sondern eine Agenda verfolgen. Das Internet schafft einerseits nie dagewesene Möglichkeiten der Überwachung und Kontrolle, andererseits bietet es auch die Möglichkeit, sich dem Totalitarismus zu widersetzen.

Noch leben wir im Westen unter Verhältnissen, in denen in beide Richtungen an der Freiheit gezerrt wird.

> *Wo Propaganda nicht genügt, um Widerspruch auszuschalten, werden Gesetze gemacht, die Widerspruch als „Volksverhetzung“ oder „Diskriminierung“ unter Strafe stellen.*

Jedem Menschen widerstrebt es, Objekt der Machtausübung anderer zu sein. Das Besondere an unserer Zeit ist, dass diese Macht so weit wie möglich durch Manipulation ausgeübt wird, also durch Mittel, die das Objekt gefügig machen, ohne dass es das merkt. Der Mensch ist als Ebenbild Gottes geschaffen, ob er es weiß oder nicht. Daraus leitet sich seine Würde ab, die durch das offene oder heimliche Benutztwerden untergraben wird. Der Mensch möchte gerne eine eigenverantwortliche und selbstbestimmte Person sein. Im Folgenden soll behandelt werden, was die Person anfällig macht für Propaganda und wie sie ihr Immunsystem gegen Propaganda resistent machen kann.

Anfälligkeit für Propaganda

Wie wir gesehen haben, bedient sich Propaganda der sozialen Grundbedürfnisse des Menschen:

- Jeder möchte von seinem sozialen Umfeld akzeptiert sein. Außenseiter zu sein oder gar ausgeschlossen zu werden, wird als existenzielle Bedrohung erfahren.
- Jeder möchte in seinem Selbstwertgefühl und seiner Identität bestätigt werden.

Je weniger diese Bedürfnisse durch soziale und geistige Bindung im Kernbereich der Person befriedigt sind, desto formbarer wird der Mensch durch den Mainstream, der mittels Propaganda erzeugt wird.

Die Familie ist die Institution, die für die Sättigung des Bedürfnisses nach Bindung vorgesehen ist. Je stabiler die Bindung, desto stabiler die Person. Heute wird die Familie systematisch zerstört. Dem Kleinkind wird die Grundausstattung mit Vertrauen in familiärer Gebundenheit durch die kollektive Fremdbetreuung entzogen. Heranwachsende Kinder werden dem Smartphone und der Peer-Group ausgeliefert. Die stabile Ehe von Mann und Frau gilt als überholt. Der Mensch wird sogar durch künstliche Reproduktionsmethoden und die Kinderbeschaffung durch gleichgeschlechtliche Partner seiner biologischen Abstammung beraubt.

Je weniger diese Bedürfnisse durch soziale und geistige Bindung im Kernbereich der Person befriedigt sind, desto formbarer wird der Mensch durch den Mainstream, der mittels Propaganda erzeugt wird.

Familie ist der Ort, an dem die prägenden geistigen Koordinaten für die Entscheidung zwischen Ja und Nein, Gut und Böse vermittelt werden. Stabile Koordinaten lieferte das Christentum. Aber die heutige Zeit will keine stabilen Koordinaten mehr haben, jeder möchte sein eigener Gott sein und über Gut und Böse entscheiden, ohne zu merken dass er sich so denen ausliefert, welche die Meinung steuern.

Das Ergebnis der Familienzerstörung, der geistigen und moralischen Leere und der Sinnentleerung der Arbeit sind Massen von tief beschädigten, ungebundenen, einsamen, depressiven, angsterfüllten Menschen – das ideale „Material“ für Propaganda.

Dem aus seinem sozialen und geistigen Boden entwurzelten Menschen kann man sogar „verkaufen“, dass der Mensch sein Geschlecht wählen kann, dass zwei gleichgeschlechtliche Personen eine Ehe eingehen können, dass es ein Menschenrecht ist, das ungeborene Kind zu töten, und dass es bei Bedarf künstlich produziert werden darf. Man kann ihm panische Angst vor einem Virus einjagen, so dass er staatliche Maßnahmen, die seine eigene Existenz gefährden, akzeptiert.

Daraus folgt: Wer Propaganda-resistent sein oder werden möchte, der braucht

- feste familiäre Bindungen
- absolute Prinzipien, an denen er sein Leben ausrichtet
- sinnvolle Arbeit
- Charakterstärke, sich dem Mainstream zu widersetzen und dadurch zum Außenseiter zu werden
- seelische Fähigkeiten zur Überwindung von Angst

Um die Lüge zu erkennen und nicht darin unterzugehen, ist die erste Voraussetzung, selbst nicht in der Lüge zu leben

Wir leben eingetaucht in ein Meer der Lüge. Um die Lüge zu erkennen und nicht darin unterzugehen, ist die erste Voraussetzung, selbst nicht in der Lüge zu leben und sich Rechenschaft zu geben, wo man steht.[34] Das ist schwer, denn normalerweise haben wir uns einen eigenen Mythos gebildet, der uns von Schuld freispricht und unser Selbstwertgefühl „boostert“ (neudeutsch für erfolgloses Aufpäppeln). Zur Selbsterkenntnis kann die Beantwortung folgender Fragen dienen:

- Fühle ich mich in meiner Familie geborgen?
- Habe ich verlässliche Freundschaften?
- Empfinde ich meine Arbeit als sinnvoll?
- Habe ich es schon öfter gewagt, der Mehrheitsmeinung zu widersprechen?

---

34 Vgl. zwei inspirierende Bücher: Václav Havel, *Versuch in der Wahrheit zu leben,* Rowohlt Verlag, Reinbek 2018.
Rod Dreher, *Live Not By Lies, A Manual for Christian Dissidents,* Sentinel, New York City 2020.

- Kann ich ertragen, Außenseiter zu sein? Habe ich darin Erfahrung?
- Habe ich feste Prinzipien, für die ich bereit bin, Opfer zu bringen?
- Habe ich das schon einmal getan?
- Beziehe ich meine Informationen auch aus Medien, die dem Mainstream widersprechen?

- Leide ich unter Einsamkeit?
- Spielen Soziale Medien eine wichtige Rolle in meinem Leben?
- Bin ich internetsüchtig?
- Konsumiere ich Spiele, Sex & Crime, Pornografie?
- Glaube ich, dass es die Politiker und die Privatbesitzer von Big Tech grundsätzlich gut mit den Menschen meinen?

Wer die meisten der ersten acht Fragen mit Ja beantworten kann, der dürfte die zweiten vier Fragen überwiegend mit Nein beantworten. Er oder sie ist ziemlich gut aufgestellt, um gegen die heimtückischen Überwältigungstaktiken der Propaganda gefeit zu sein. Wer mehrere Fragen des ersten Blocks mit Nein beantwortet, der wird wahrscheinlich beim zweiten Block öfter ja sagen müssen.

Zum letzten Punkt: Es erzeugt Angst, wenn man erkennen muss, dass die Herren der Welt und jene, die ihnen dienen, die Welt so umgestalten wollen, dass ihre Macht nicht in Frage gestellt werden kann, mit einem Wort, dass sie das Böse wollen. Eine solche Perspektive ist kaum zu ertragen, wenn der Mensch keine lebendige Hoffnung hat, die über diese Welt hinausgeht. Die Quellen für die Hoffnung werden zunehmend ausgetrocknet, aber sie sind zu finden für den, der sie sucht (s. u.).

In einen solchen Spiegel zu schauen, kann Mut erfordern, ist aber hilfreich. Die Wirklichkeit, in der jemand lebt, wirkt sich auf jeden Fall aus, ob er sie erkennt oder nicht. Wer feststellt, dass er bisher im Mainstream mitgeschwommen ist, dadurch aber eine Richtung eingeschlagen hat, die ihm und anderen schadet, der kann die Entscheidung treffen, auszuscheren und sein Immunsystem gegen Propaganda zu stärken.

Stärkung des Immunsystems gegen das Propaganda-Virus

Wir möchten unser Leben gerne selbstbestimmt leben, stoßen dabei aber immer an Grenzen, äußere und innere. Der innere Spielraum für selbstbestimmtes Leben ist erweiterbar, was sich auf den äußeren Spielraum auswirken wird.

Eines ist in diesem Leben gerecht verteilt: die Zeit. Jeder Mensch verfügt, solange er lebt, täglich über 24 Stunden mit je sechzig Minuten. Was mache ich mit meiner Zeit? Lasse ich mich am Bildschirm in den Sozialen Medien fesseln? Lasse ich mich von den pausenlosen Corona-Nachrichten jagen, seien es propagandistische oder kritische? Schlage ich die Zeit tot mit suboptimaler Unterhaltung oder mache ich die Zeit lebendig, indem ich etwas tue, was mich lebendig macht?

So kann ich zum Beispiel in die Natur hinausgehen und mich von ihrer Stille einfangen lassen. Sie weiß nichts vom Rasen der Menschen. Ich kann lange in die Wolken schauen und die Majestät Gottes in einem Sonnenuntergang erahnen; einem plätschernden Bach zuhören, Vögel bei ihrem Flug zuschauen. Natur hat Zeit. Sie schenkt mir ihre Zeit und macht mich lebendig.

Welchen geistigen Input nehme ich zu mir? Wir legen größten Wert auf Bio-Lebensmittel. Sie sollen das Leben fördern, keine Gifte enthalten, keine gesundheitlichen Schäden hervorrufen. Dieselben Kriterien sollten auch auf geistige Nahrungsmittel angewandt werden. Sie sollten das Leben fördern, es nicht vergiften und keine geistigen und seelischen Schäden hervorrufen, vor allem keine Sucht.

Folge ich meinen eigenen, selbstbestimmten Interessen oder dem, was die Algorithmen von YouTube und Facebook mir vorschlagen, um mich an den Bildschirm zu fesseln und mir genau die Produkte anzubieten, über die ich gestern in meinem Wohnzimmer gesprochen habe? Kann ich mich überhaupt noch konzentrieren, wenn ich täglich hundertmal auf mein Handy schaue, um all die kleinen Kicks einzusammeln, die mein Selbstwertgefühl scheinbar stärken?

Höre ich Musik, die mich aufputscht, oder Musik, die mich ins seelische Lot bringt? Viele machen die Erfahrung, dass sich dafür kaum etwas besser eignet als die Musik von Johann Sebastian Bach. Sie schenkt die Erfahrung, dass es im Universum Ordnung gibt, und ordnet die eigene Seele.

Suche ich den physischen Kontakt zu Freunden, denen ich ohne Maske begegnen und die ich herzlich umarmen kann? Mit denen ich im freien Austausch in ein Gespräch eintauchen kann, in dem wir uns als Menschen mit unseren Freuden und Leiden zeigen können und mit denen ich *communio*, die Freude an geistiger und physischer Gemeinschaft, erleben kann?

Die Devise in diesen wirren Zeiten muss sein: soviel normales, gutes Leben leben wie möglich.

Das alles – frische Luft, Natur, Freude durch die physische Begegnung mit Freunden, erbauliche geistige Nahrung – stärkt nicht nur das geistige Immunsystem, sondern auch das physische. Die Devise in diesen wirren Zeiten muss sein: soviel normales, gutes Leben leben wie möglich.

Lassen wir nicht zu, dass die aberwitzigen Corona-Maßnahmen uns von Familienangehörigen und Freunden trennen. Das liegt nicht immer nur in einer Hand. Menschen, die ihre Überzeugungen aus zweiter Hand haben, verteidigen sie ganz besonders vehement, da sie nicht durch den Prozess des persönlichen Ringens um ein eigenes Urteil erworben wurden. Es kann bedeuten, dass gewisse Themen bei Menschen, von denen man sich nicht trennen lassen will, ausgespart werden müssen, jedenfalls für eine gewisse Zeit. Tagtäglich erweisen sich Informationen, denen man geglaubt hat, als Lügen.

Corona bringt nicht nur Spaltung, Corona bringt auch größere Nähe und Wärme zwischen den Ausgegrenzten und Geschmähten. Seit die Impfkampagne über die Erde rollt, gibt es eine diskriminierte und existentiell bedrohte Minderheit: die Impfgegner, die sich hartnäckig weigern, sich zu Laborratten in einem Experiment machen zu lassen, dessen Ausgang höchst ungewiss ist. Zwischen denen, die sich auf der Seite der Diskriminierten und Ausgegrenzten befinden, entsteht ein Gefühl der Solidarität, die Bereitschaft, einander beizustehen und zu helfen.

Die Propagandisten schrecken vor nichts zurück, nicht einmal davor, Kinder als Kampagnenträger zu missbrauchen. Politiker lassen Kinder wissen, dass sie schuld sind, wenn Oma stirbt, oder zeigen auf Plakaten ein weinendes Kind, das sagt: „Ich will dich nicht verlieren."

Es wird behauptet, beide Seiten bewegten sich in einer Blase, die für Gegenargumente verschlossen sei. Aber es gibt einen Unterschied: In der Blase des Mainstreams geht es einem gut – von Impfschäden abgesehen. Man profitiert vielleicht sogar mächtig von der Krise wie die Ärzte, die mit Impfen ein Vermögen verdienen, von den Milliardengewinnen der Hersteller der Impfstoffe und Tests ganz zu schweigen. In der Blase der Gegner zahlt man für seine Position hingegen mit Diskriminierung, Ausgrenzung, Kündigung, bis hin zu strafrechtlicher Verfolgung. Dennoch schützt auch der Minderheitenstatus nicht davor, ungeprüft alles zu glauben und zu verbreiten, was die eigene Position stützt. Aber das Verhältnis zur Wahrheit ist ein anderes, wenn jemand bereit ist, Opfer dafür zu bringen.

Widerstand mit welchem Ziel?

Ob die Strategen der Pandemie mit anhaltendem Massenwiderstand auf den Straßen der Welt gerechnet haben, von den Städten bis in die Dörfer? Ob sie mit neuen Formen des Widerstandes gerechnet haben, gegen welche die Polizei machtlos ist? Was will man machen gegen Leute, die in ungewöhnlich großen Mengen auf den Straßen spazieren gehen? Mit dem Zollstock das Einhalten der Abstände messen, wie in Frankfurt Anfang Januar geschehen? Was tun gegen einen Truckerkonvoi von siebzig Kilometern quer durch Kanada? Der Widerstand ist so groß geworden, dass er selbst von den Propagandamedien nicht mehr verschwiegen werden kann. Aber was ist das Ziel dieses Widerstandes?

Zurück zur Normalität, zu dem, was vor Corona als normal galt. Keine Masken, keine Tests, kein Impfzwang, keinen Willkürstaat, der das Volk mit ständig wechselnden Verordnungen in Atem hält, keine indirekte wirtschaftliche Enteignung des

Mittelstandes, keine Entrechtung und Schmähung eines großen Teils der Bevölkerung, der auf seinem Grundrecht der körperlichen Unversehrtheit besteht. Es sieht Ende April 2022 so aus, als würde der Massenwiderstand den Machtübergriffen des Staates doch Grenzen setzen.

Und wenn alles wieder „normal" geworden ist, in was für einer Gesellschaft leben wir dann? Wir leben in einer Gesellschaft, welche meint, die Schöpfungsordnung aufheben und die Welt den Begierden des Menschen unterwerfen zu können und dafür die Kinder zu opfern: 73 Millionen Kinder werden jährlich vor der Geburt getötet, hunderttausende gewollte Kinder werden künstlich erzeugt und ihrer Abstammung beraubt. Die Ampelkoalition in Deutschland will die sogenannte „Mit-Mutterschaft" per Gesetz dekretieren, ein Kind hat dann ggf. zwei Mütter in der Geburtsurkunde stehen, der Vater taucht nicht einmal mehr als Samenspender auf. Sie will erlauben, dass jeder ab vierzehn Jahren alle zwölf Monate mittels Selbstauskunft sein Geschlecht ändern kann. Geschlechtsumwandlungsoperationen sollen von den Krankenkassen bezahlt werden, Konversionstherapie soll hingegen auch für Erwachsene verboten werden.

Vier Erwachsene beliebigen Geschlechts sollen eine „Verantwortungsgemeinschaft" mit Kindern bilden können. Die neue Regierung steht geschlossen hinter diesen Gesetzesvorhaben und betreibt sie mit Hast.

Transhumanistische Experimente der Verschmelzung von Mensch und Tier und Mensch und Computer geschehen einstweilen noch im Halbdunkel wissenschaftlicher Labore.

Es erscheint gar nicht mehr am Horizont, dass die Ausweglosigkeit der menschlichen Probleme auf den Abfall von Gott zurückzuführen ist.

Es gibt zahlreiche andere Bereiche, in denen der Abfall von Gott das gute Leben zunichte macht, der Umgang mit den natürlichen Ressourcen, die wirtschaftliche Ausbeutung ganzer Gesellschaftsschichten und Erdteile, die zielstrebige Vernichtung der Kulturen durch Migration. Aber nichts stößt den Dolch so sehr ins Herz der Schöpfungsordnung wie der Angriff auf den Menschen selbst. Denn Gott hat den Menschen als sein Abbild erschaffen, zum Herrn über die gesamte Schöpfung gesetzt, zur Liebe berufen und zum Ewigen Leben bestimmt.

Die Gottvergessenheit hat Finsternis über die Erde gebracht. Es erscheint gar nicht mehr am Horizont, dass die Ausweglosigkeit der menschlichen Probleme auf den Abfall von Gott zurückzuführen ist. Die Bibel erzählt wieder und wieder, wie die Missachtung von Gottes Geboten den einzelnen Menschen ins Unglück stürzt und das auserwählte Volk ins Elend, in die Vernichtung durch den Feind: Die Ställe stehen leer, die Felder sind mit Leichen übersäht, den Jubelruf von Braut und Bräutigam hört man nicht mehr, das Licht der Lampe scheint nicht mehr, das Volk wird in die Sklaverei der Babylonischen Gefangenschaft abgeführt. Und dennoch: immer wieder ein neuer Anfang. Gott erbarmt sich, wenn der Mensch umkehrt.

Aber von Umkehr keine Spur. Kernaufgabe der Kirche wäre es, Umkehr zu predigen, Tag für Tag. Aber sie hat diese Aufgabe aufgegeben. Der Synodale Irrweg der deutschen Bischöfe bereitet die Heirat der Kirche mit der Welt vor, während sie doch die Aufgabe hat, den Menschen auf die ewige Hochzeit mit dem Herrn vorzubereiten. Auch hier geht es im Kern um Sexualität. Statt Schuld zu bekennen für die ungeheuerlichen Verfehlungen von Priestern, wird die Schuld relativiert. Unzucht wird mit Liebe verbrämt.

„Macht also Ernst mit der Umkehr“, sagt Jesus zur Gemeinde von Laodizea. „Wer Ohren hat, der höre!“ (Offb 3,19.22)

Aber die Ohren sind verstopft. Die Herzen verstockt. Deswegen hat Klaus Schwab recht, wenn er sagt:

> „Nichts wird jemals wieder so sein wie zuvor. Die Normalität in dem Sinne, wie wir sie kannten, ist zu Bruch gegangen und die Coronavirus-Pandemie stellt einen grundlegenden Wendepunkt auf *unserem globalen Kurs* dar.“

Die Babylonische Gefangenschaft unserer Zeit wird der totale Überwachungsstaat sein in den Händen totalitärer Staatsbürokratien und der Herren über Big Tech.

Resistenz gegen Propaganda

Resistenz gegen Propaganda bedeutet Resistenz gegen den Mainstream, der durch Propaganda erzeugt wird. Bei meiner Vortragstätigkeit rund um den Globus wurde ich von Personen und Organisationen eingeladen, die sich dem revolutionären kulturmarxistischen Umbruch entgegenstellen. Sie waren alle Christen unterschiedlicher Denominationen,

Katholiken, Protestanten, Orthodoxe, Baptisten, Freikirchler, Maroniten. Alle verstanden sich als Jünger Jesu. Deswegen sind sie bereit, Risiken einzugehen und persönliche Opfer zu bringen, auch wenn sie aus politischen Erwägungen ihr christliches Engagement nicht immer nach außen tragen. Ich tue es, weil ich glaube, dass wir die Verankerung im Glauben an Jesus Christus brauchen, um in der Hoffnung standhalten zu können.

Die christlichen Positionen zu den Umwälzungen unserer Zeit können rational, ohne Bezug auf den Glauben, begründet werden. (Mittlerweile trägt sogar sogar die Verpflichtung der Wissenschaft auf rationale Wahrheitssuche nicht mehr.) Die Kraft, das christliche Fundament der europäischen Kultur zu verteidigen, ist dem Westen abhanden gekommen – zum Schaden aller.

Christen werden durch die Taufe in die Familie Gottes aufgenommen. Sie haben denselben Vater und dieselbe Mutter wie Christus. Von Anfang an und zu allen Zeiten wurden Christen verfolgt. Wo sie nicht verfolgt werden, vielmehr in Sicherheit und Wohlstand leben, verliert das Christentum seine Kraft und verschmilzt mit der Welt. Wo Christen verfolgt werden – heute in 50 Ländern der Erde, oft bis zum Tod – schöpft die Kirche im Untergrund aus dem

Blut der Märtyrer, so wie in den ersten vierhundert Jahren des Christentums.

Niemand kann einen Christen daran hindern, ein christliches Leben zu führen. Die einzige Grenze ist das Maß seiner Opferbereitschaft. Wie groß dieses Maß ist, wird der Einzelne erst wissen, wenn er vor der Entscheidung steht.

Der Abfall von Gott ist ein Abfall vom Kreuz. Glück und Gesundheit gelten als Lebenssinn, Leiden muss ausgemerzt werden, auch wenn dies unmöglich ist und nur noch mehr Leiden erzeugt. Der Mythos, der Mensch könne Herr über Glück und Gesundheit sein, ist der Boden, in den der Große Reset gepflanzt werden kann. Das WEF bekundet unumwunden seine Enteignungspläne in einem Video mit acht Prophezeiungen für die Welt im Jahr 2030, also ziemlich bald. Die erste lautet:

> „You'll own nothing. And you'll be happy."
> („Du wirst nichts besitzen. Und du wirst glücklich sein.")[35]

Christ sein bedeutet, an den absoluten Geboten Christi festzuhalten, denn er sagt: „Wenn ihr mich

---

35 https://fr-fr.facebook.com/worldeconomicforum/videos/10153920524981479/?_rdr

liebt, werdet ihr meine Gebote halten." (Joh 14,15) Die dem Mose offenbarten Gebote Gottes hat Christus in der Bergpredigt in einer Weise aktualisiert, dass sie die menschlichen Kräfte übersteigen. Aber Christus fordert nichts, was er nicht gibt. Eine Wolke von heiligen Zeugen bürgt dafür.

Für jeden Christen jeder Denomination heißt das, im täglichen Gebet mit Jesus zu sprechen, ihm über uns selbst zu sagen, was er schon weiß, ihn um Vergebung zu bitten, ihn um Hilfe zu bitten, ihn anzubeten. Jesus sagt:

> „Ich stehe vor der Tür und klopfe an. Wer meine Stimme hört und die Tür öffnet, bei dem werde ich eintreten, und wir werden Mahl halten, ich mit ihm und er mit mir." (Offb 3,20)

Für jeden Christen jeder Denomination heißt es außerdem, sich im Wort Gottes zu verankern, denn:

> „Das Wort, das meinen Mund verlässt, kehrt nicht leer zu mir zurück, sondern bewirkt, was ich will, und erreicht all das, wozu ich es ausgesandt habe." (Jes 55,11)

Ja, Christen wollen heilig werden, was sonst. Das heißt, dass sie ihren Feinden gegenüber im Nachteil sind. Sie dürfen und wollen nicht manipulieren, lügen, Unzucht treiben, verleumden, Gewalt ausüben, böse Mittel für einen guten Zweck verwenden. Aber sie wissen, nicht *sie* müssen den Sieg erringen, sondern Christus selbst hat den Sieg bereits durch Kreuz und Auferstehung errungen und wird wiederkommen in Herrlichkeit.

Auf dem Eucharistischen Kongress in Philadelphia im Jahr 1976 sagte Karol Wojtyła, der zwei Jahre später Papst werden sollte, diese prophetischen Worte:

> „Wir stehen jetzt vor der größten Konfrontation, die die Menschheit in ihrer Geschichte jemals erlebt hat. Ich denke nicht, dass der Großteil der amerikanischen Gesellschaft oder die gesamte Christenheit dies in vollem Umfang realisiert. Wir stehen jetzt vor dem Endkampf zwischen der Kirche und der Anti-Kirche, zwischen dem Evangelium und dem Anti-Evangelium, zwischen Christus und dem Antichrist. Diese Konfrontation liegt in den Plänen der göttlichen Vorsehung. Deshalb ist sie in Gottes Plan, und es muss ein Kampf sein, den die Kirche aufnimmt und tapfer bestreitet.“[36]

---

36 *The Wall Street Journal*, 9. November 1978.

In diese Zeit sind wir hineingeboren. Der Stillstand ist vorbei. Wir sind auf der Zielgeraden. Es kann für uns nur eine Devise geben, im Glauben und im Vertrauen auf den Weg, die Wahrheit und das Leben zu wachsen. Die Herrscher dieser Welt gründen ihre Macht auf die Angst vor dem Leiden, die Angst vor dem Kreuz, die Angst vor dem Tod. Aber Jesus hat den Tod besiegt und die Tür zur ewigen Freude in der Herrlichkeit der Auferstehung für uns geöffnet. Die Macht der Herrscher wird zerfallen. Die Ewigkeit bleibt.